Mit vielen Bildern von Iskender Gider

ISBN 3-7855-2345-9 – 5. Auflage 1994
© 1990 by Loewes Verlag, Bindlach
Umschlag: Iskender Gider

# Inhaltsverzeichnis

## Der Frühling hat sich eingestellt

Es war eine Mutter . . . . . . . . . . . . . 12
Winter ade! . . . . . . . . . . . . . . . . . . 14
Nicht lange mehr ist Winter . . . . . . 15
So treiben wir den Winter aus . . . . . 17
Nach grüner Farb' . . . . . . . . . . . . . 18
Im Märzen der Bauer . . . . . . . . . . 20
Kuckuck, Kuckuck . . . . . . . . . . . . . 23
Es tönen die Lieder . . . . . . . . . . . . 24
Der Winter ist vergangen . . . . . . . . 26
Jetzt kommt das schön Frühjahr . . . 28
Komm, lieber Mai . . . . . . . . . . . . . 30
Der Frühling hat sich eingestellt . . . 32
Jetzt fängt das schöne Frühjahr an 34
Der Lenz ist angekommen . . . . . . . 35
Der Maien ist kommen . . . . . . . . . 36
Wir tanzen im Maien . . . . . . . . . . 38
Der Mai, der lustige Mai . . . . . . . . 40
Im Maien die Vöglein singen . . . . . 42
Nun will der Lenz uns grüßen . . . . 43
Alle Vögel sind schon da . . . . . . . . 44
Grüß Gott, du schöner Maien . . . . . 47
Alles neu macht der Mai . . . . . . . . 48
Der Mai ist gekommen . . . . . . . . . 49
Ei wohl ein schöne Zeit . . . . . . . . . 51
Ward ein Blümchen mir geschenket 52
Leise zieht durch mein Gemüt . . . . 53
Trariro, der Sommer, der ist do . . . . 55

## Schön ist die Welt

Was noch frisch und jung an
Jahren . . . . . . . . . . . . . . . . . . . . 59
Wem Gott will rechte Gunst
erweisen . . . . . . . . . . . . . . . . . . . 61
Im Frühtau zu Berge . . . . . . . . . . . 62
Schön ist die Welt . . . . . . . . . . . . . 64
Auf, auf, ihr Wandersleut . . . . . . . . 66
Auf, du junger Wandersmann . . . . . 68
Heut noch sind wir hier zu Haus . . 70
Muß i denn, muß i denn . . . . . . . . 72
Das Wandern ist des Müllers Lust . . 74
Es klappert die Mühle . . . . . . . . . . 77
Ein Jäger aus Kurpfalz . . . . . . . . . 78
Lauf, Jäger, lauf . . . . . . . . . . . . . . 80
Ich ging durch einen grasgrünen
Wald . . . . . . . . . . . . . . . . . . . . . 83
Im Walde, da wachsen die Beer'n . . . 85
Ein Männlein steht im Walde . . . . . 86
So scheiden wir mit Sang und Klang 89
Auf de schwäbsche Eisebahne . . . . . 90
Im schönsten Wiesengrunde . . . . . . 92
Winde wehn, Schiffe gehn . . . . . . . . 94
Vo Luzern auf Wäggis zue . . . . . . . . 95
Das Schifflein schwingt sich . . . . . . 97
Jetzt fahrn wir übern See . . . . . . . . 98
Wann und wo . . . . . . . . . . . . . . . . 99

## Der Mond ist aufgegangen

Abendstille überall . . . . . . . . . . . . 102
Abend wird es wieder . . . . . . . . . . 103
Es wird scho glei dumper . . . . . . . 104
Kein schöner Land . . . . . . . . . . . . 106
Ich geh mit meiner Laterne . . . . . . 108
Laterne, Laterne . . . . . . . . . . . . . 109
Guten Abend, gut' Nacht . . . . . . . . 110
O wie wohl ist mir am Abend . . . . 111
Wer hat die schönsten Schäfchen . . 112
Weißt du, wieviel Sternlein stehen . 114
Der Mond ist aufgegangen . . . . . . 116
Müde bin ich, geh' zur Ruh . . . . . . 118
Nun wollen wir singen . . . . . . . . . 119

Stille, stille ................ 120
Nun schlaf, mein liebes Kindelein ................ 122
Schlaf, Kindelein, süße ........ 123
Eija Slap, Söting ............ 124
Heidel, Bubeidel ............ 125
Die Blümelein, sie schlafen ...... 126
Schlaf, Kindchen, balde ........ 128
Kindlein mein ............... 129
Schlaf, Kindlein, schlaf ........ 130
Eia, peia, Wiegenstroh ........ 131
Aber heidschi bumbeidschi ...... 133
Guter Mond ................ 134
Nun ruhen alle Wälder ........ 137
Hört, ihr Herrn ............ 138
Der Mond, der scheint ........ 141

## Ringel, Ringel, Reihe

Wie geht meine kleine Geige ..... 146
Taler, Taler, du mußt wandern .... 147
Ich bin ein Musikante .......... 148
Es geht eine Zipfelmütz ........ 150
Ringel, Ringel, Reihe .......... 153
Der Großvatertanz ............ 154
Großmutter will tanzen ........ 155
Brüderchen, komm tanz mit mir .. 156
Es regnet auf der Brücke ........ 158
Machet auf das Tor ............ 159
Wo ist der Mann, der alles kann? .. 160
Was der Bauer alles tut ......... 162
Ein Schneider fing ne Maus ..... 164
Zeigt her eure Füße ........... 166
Backe, backe Kuchen .......... 168
Alle meine Kleider ........... 170
Mein Hut, der hat drei Ecken .... 172
Wies sie's machen ............ 174
Trauer über Trauer ........... 176

Wenn der Topp aber nun'n Loch hat ...................... 178
Das Hausgesinde ............ 181
Häschen in der Grube ......... 183
Alle meine Entchen ........... 184
Das liebe Reh ................ 185
Auf der Mauer, auf der Lauer .... 186
Vogelhochzeit ................ 188
Hänsel und Gretel ............ 190
Dornröschen ................ 193

## Morgen kommt der Weihnachtsmann

Wer klopfet an? .............. 197
Vom Himmel hoch, o Engel, komm ..................... 200
Vom Himmel hoch, da komm ich her .................... 202
Kommet, ihr Hirten ........... 204
Ihr Kinderlein, kommet ........ 207
Als ich bei meinen Schafen wacht .. 208
In dulci jubilo ............... 211
Der Heiland ist geboren ........ 212
Joseph, lieber Joseph mein ....... 213
Stille Nacht, heilige Nacht ....... 215
Still, weil's Kindlein schlafen will .. 216
Auf dem Berge, da wehet der Wind ..................... 219
Lieb-Nachtigall, wach auf ....... 220
Zu Bethlehem geboren ......... 222
Alle Jahre wieder ............. 223
Es ist ein Ros entsprungen ...... 224
O du fröhliche Weihnachtszeit ... 226
Morgen kommt der Weihnachtsmann ............. 229
O Tannenbaum, o Tannenbaum .. 230
Die heilgen drei König ........ 232

# Vorwort

„Wo man singt, da laß dich ruhig nieder – böse Menschen haben keine Lieder": Das ist eine alte Weisheit, und sie gilt sicher auch heute noch. Denn Musik und Gesang sind ein ureigenes Bedürfnis des Menschen, Ausdruck seiner Lebensfreude und mit die schönste Form gemeinsamer Aktivität, die uns in friedvoller Weise verbindet.

Wir wollen mit unserem Liederbuch allen großen und kleinen Sängern wieder Lust machen aufs Singen. Wir haben in alten und neueren Liederbüchern geblättert und einen bunten Strauß von Melodien zusammengestellt: „Dauerbrenner" aus mehreren Jahrhunderten, aber auch weniger bekannte Weisen zum Entdecken und Wiederentdecken.

Sie begleiten uns durch Jahr und Tag, sie erzählen Geschichten von Mensch und Tier – und sie machen ganz bestimmt jede Menge gute Laune.

Iskender Gider hat die Sammlung mit viel Humor illustriert. So ist aus unserem Liederbuch auch ein fröhliches Bilderbuch geworden, das zum Anschauen und Schmökern einlädt.

Also, viel Spaß beim Lesen – aber vor allem natürlich beim Singen!

hat sich eingestellt

# Es war eine Mutter

Volkslied aus Baden und der Pfalz

1. Es war ei - ne Mut - ter, die hat - te vier Kin - der: den Früh - ling, den Som - mer, den Herbst und den Win - ter.

2. Der Frühling bringt Blumen,
   der Sommer den Klee,
   der Herbst bringt die Trauben,
   der Winter den Schnee.

3. Und wie sie sich schwingen
   im Jahresreihn,
   so tanzen und singen
   wir fröhlich darein.

# Winter ade!

Worte: Heinrich Hoffmann von Fallersleben
Fränkische Volksweise

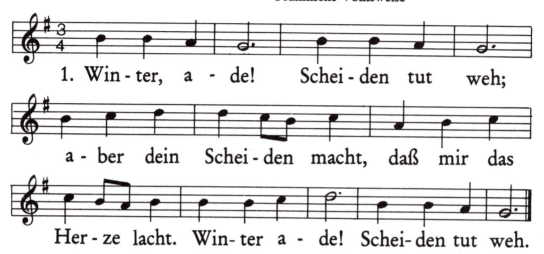

1. Win-ter, a - de! Schei-den tut weh;
a - ber dein Schei-den macht, daß mir das
Her-ze lacht. Win-ter a - de! Schei-den tut weh.

2. Winter ade! Scheiden tut weh.
   Gerne vergeß ich dein,
   kannst immer ferne sein.
   Winter ade! Scheiden tut weh.

3. Winter ade! Scheiden tut weh.
   Gehst du nicht bald nach Haus,
   lacht dich der Kuckuck aus.
   Winter ade! Scheiden tut weh.

# Nicht lange mehr ist Winter

Im Kanon zu 4 Stimmen  Mündlich überliefert

Nicht lan-ge mehr ist Win-ter, schon glänzt der Son-ne Schein. Dann kehrt mit neu-en Lie-dern der Früh-ling bei uns ein. Im Fel-de singt die Ler-che, der Kuk-kuck ruft im Hain: Kuk-kuck, Kuk-kuck, da wol-len wir uns freun!

# So treiben wir den Winter aus

Aus dem 16. Jahrhundert

1. So treiben wir den Winter aus durch unsre Stadt zum Tor hinaus und jagen ihn zuschanden, hinweg aus unsern Landen.

2. Wir stürzen ihn von Berg zu Tal,
   damit er sich zu Tode fall.
   Wir jagen ihn über die Heiden,
   daß er den Tod muß leiden.

3. So hab'n den Winter wir ausgetrieb'n,
   so bringen wir das Frühjahr herwied'r,
   den Frühling und den Maien,
   die Blümlein mancherleien.

# Nach grüner Farb'

Worte: Altes Winterlied
Weise: Michael Praetorius

1. Nach grü - ner Farb' mein Herz ver - langt in die - ser trü - ben Zeit. Die sü - ßen Vög - lein jung und alt, die hört man lang nit meh, das tut des ar - gen Win - ters G'walt, der treibt die Vög - lein aus dem Wald mit Reif und kal - tem Schnee.

Der grim - mig Win - ter währt so lang, der Weg ist mir ver - schneit.

2. Er macht die bunten Blümlein fahl
im Wald und auf der Heid.
Dem Laub und Gras allüberall,
dem hat er widerseit.*
All Freud und Lust wird jetzo feil,
die uns der Sommer bringt.
Gott geb dem Sommer Glück und Heil,
der zieht nach Mittentag am Seil,
daß er den Winter zwingt.

\* = Kampf angesagt

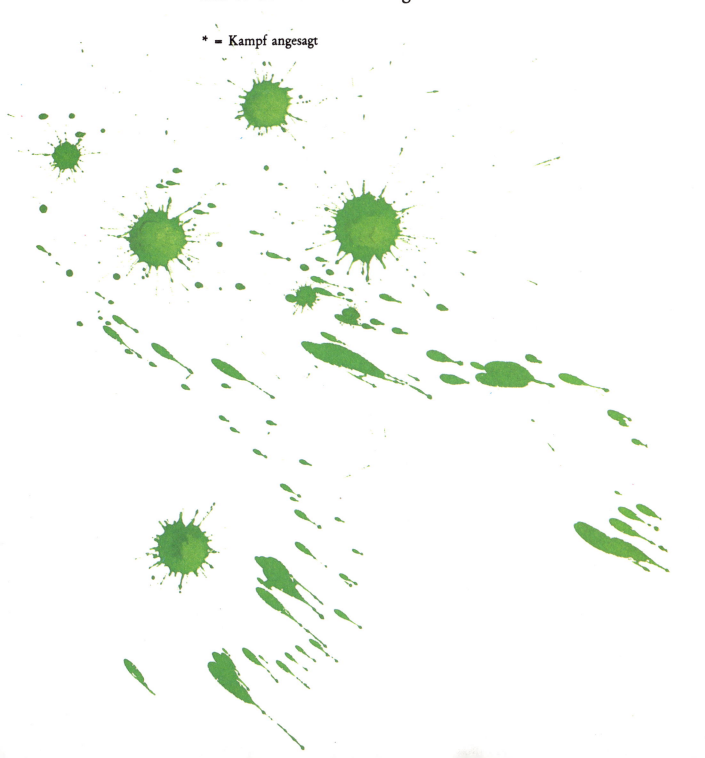

# Im Märzen der Bauer

Volkslied aus Mähren

1. Im Märzen der Bauer die Rößlein einspannt;
er pflanzt und er schneidet die Bäume im Land.
Er akkert, er egget, er pflüget und sät
und regt seine Hände gar früh und noch spät.

2. Den Rechen, den Spaten, den nimmt er zur Hand
und ebnet die Äcker und Wiesen im Land.
Auch pfropft er die Bäume mit edlerem Reis
und spart weder Arbeit noch Mühe noch Fleiß.

3. Die Knechte und Mägde und all sein Gesind,
es regt und bewegt sich wie er so geschwind;
sie singen manch munteres, fröhliches Lied
und freu'n sich von Herzen, wenn alles schön blüht.

4. Und ist dann der Frühling und Sommer vorbei,
dann füllt sich die Scheuer im Herbst wieder neu;
es füllt sich der Keller, der Stall und das Haus,
da gibt es im Winter manch fröhlichen Schmaus.

# Kuckuck, Kuckuck

Worte: Heinrich Hoffmann v. Fallersleben
Niederösterreichische Volksweise

1. Kuckuck! Kuckuck! ruft's aus dem Wald.
Lasset uns singen, tanzen und springen!
Frühling, Frühling, wird es nun bald.

2. Kuckuck, Kuckuck läßt nicht sein Schrein:
„Kommt in die Felder, Wiesen und Wälder!
Frühling, Frühling, stelle dich ein!"

3. Kuckuck, Kuckuck, trefflicher Held!
Was du gesungen, ist dir gelungen:
Winter, Winter räumet das Feld.

# Es tönen die Lieder

Im Kanon zu 3 Stimmen  
Volkstümlich

Es tö-nen die Lie-der, der Früh-ling kehrt wie-der, es spie-let der Hir-te auf sei-ner Schal-mei: La la la la la la la la-la la la la la la la la la.

# Der Winter ist vergangen

Aus dem 16. Jahrhundert

1. Der Winter ist vergangen, ich seh des Maien Schein, So fern in jenem Tale, da ist gar lustig sein, da singt Frau Nachtigalle und manch Waldvögelein.

ich seh die Blümlein prangen, des ist mein Herz erfreut.

2. Im Strauche sitzt der Hase
und zu dem Hafer springt,
die Rinder gehn im Grase,
im Wald der Kuckuck singt;
die Bienlein tut man spüren
an manchem Tal und Berg,
wenn sie zusammenführen
ihr süßes Wunderwerk.

3. Die Lerch' sich hoch erhebet
und flieget über sich,
mit ihren Flügeln webet
und singet säuberlich:
Der Schall erklinget ferne
und lautet mächtig wohl,
die Menschen hören's gerne
und sind der Freuden voll.

# Jetzt kommt das schön Frühjahr

Aus dem Pinzgau (Österreich)

1. Jetzt kommt das schön Früh - jahr, die lu -
   Wenn Berg und Tal grü - nen, hei, das

sti - ge Zeit! Da blü - hen schö - ne
ist ein Freud!

Blu - men, da wach - sen Heu und Gras, drum

wenn ich an das Früh - jahr denk, da

freu ich mich für - baß.

2. Jetzt kommt das schön Frühjahr, hei, das ist ein Leb'n!
   Da singen die Vöglein, tun Nest bau'n daneb'n;
   und oben auf dem Birgplatz, da grudelt schon der Hahn,
   er macht seine G'setze, und er schnackelt, was er kann.

3. Im Frühjahr, da blühn schon die Blaubeern am Rain,
   ein jungfrischer Jäger, der bleibt nicht daheim,
   nimmt's Büchserl auf die Achsel, ein Stecken in die Hand,
   steigt aufi auf die Gamsberg und umi nach der Wand.

# Komm, lieber Mai

Worte: Chr. Ad. Overbeck
Weise: Wolfg. Amad. Mozart

1. Komm, lie-ber Mai, und ma-che die Bäu-me wie-der grün, und laß mir an dem Ba-che die klei-nen Veil-chen blühn! Wie möcht ich doch so ger-ne ein Veil-chen wie-der sehn, ach, lie-ber Mai, wie ger — ne ein-mal spa-zie-ren-gehn!

2. Zwar Wintertage haben
   wohl auch der Freuden viel,
   man kann im Schnee eins traben
   und treibt manch Abendspiel,
   baut Häuserchen von Karten,
   spielt Blindekuh und Pfand,
   auch gibt's wohl Schlittenfahrten
   aufs liebe freie Land.

3. Ach wenn's doch erst gelinder
und grüner draußen wär!
Komm, lieber Mai, wir Kinder,
wir bitten dich gar sehr!
O komm und bring vor allen
uns viele Veilchen mit,
bring auch viel Nachtigallen
und schöne Kuckucks mit.

# Der Frühling hat sich eingestellt

Worte: Heinrich Hoffmann von Fallersleben
Weise: J. F. Reichardt

1. Der Frühling hat sich eingestellt! Wohlan, wer will ihn sehn? Der muß mit mir ins freie Feld, ins grüne Feld nun gehn.

2. Er hielt im Walde sich versteckt,
   daß niemand ihn mehr sah;
   ein Vöglein hat ihn aufgeweckt,
   jetzt ist er wieder da.

3. Jetzt ist der Frühling wieder da;
   ihm folgt, wohin er zieht,
   nur lauter Freude fern und nah
   und lauter Spiel und Lied.

4. Und allen hat er, groß und klein,
   was Schönes mitgebracht,
   und sollt's auch nur ein Sträußchen sein,
   er hat an uns gedacht.

5. Drum frisch hinaus ins freie Feld,
   ins grüne Feld hinaus!
   Der Frühling hat sich eingestellt;
   wer bliebe da zu Haus?

# Jetzt fängt das schöne Frühjahr an

Volkslied aus dem Rheinland

1. Jetzt fängt das schöne Frühjahr an, und alles fängt zu blühen an auf grüner Heid und überall.

2. Es blühen Blumen auf dem Feld,
   sie blühen weiß, blau, rot und gelb,
   es gibt nichts Schönres auf der Welt.

3. Jetzt geh ich über Berg und Tal,
   da hört man schon die Nachtigall
   auf grüner Heid und überall.

# Der Lenz ist angekommen

Worte: Christian Aug. Vulpius
Weise: Friedrich Silcher

1. Der Lenz ist an-ge-kom-men! Habt ihr es nicht ver-nom-men? Es sa-gen's euch die Vö-ge-lein, es sa-gen's euch die Blü-me-lein: Der Lenz, der Lenz, der Lenz ist an-ge-kom-men!

2. Ihr seht es an den Feldern,
   ihr seht es an den Wäldern,
   der Kuckuck ruft, der Finke schlägt,
   es jubelt, was sich froh bewegt:
   Der Lenz ist angekommen.

3. Hier Blümlein auf der Heide,
   dort Schäflein auf der Weide.
   Ach, seht doch, wie sich alles freut!
   Es hat die Welt sich schön erneut:
   Der Lenz ist angekommen.

# Der Maien ist kommen

Heischelied der Kinder am 1. Mai (Schweiz)

1. Der Mai-en ist kom-men, und das ist ja wahr, es grü-net jetzt al-les in Laub und in Gras.
In Laub und in Gras sind der Blüt-lein so viel, drum tan-zet Ma-rei-li zum Sai-ten-spiel.
Nun tanz, nun tanz, Ma-rei-li tanz, du hast ja ge-won-nen den Ro-sen-kranz.

2. Wir hauen den Maien, wir binden das Tau,
wir singen dem Bauern seiner freundlichen Frau,
der freundlichen Frau und dem ehrlichen Mann,
der uns so reichlich belohnen kann.
Die Bäurin ist lieb, und sie gibt uns so gern
schön Äpfel und Birnen mit braunen Kern.

3. O gebt uns, o gebt uns viel Eier und Geld,
so können wir weiter und ziehn übers Feld.
O gebt uns, ihr Leut, gebt uns Butter und Mehl,
die Küchlein sind heuer noch besser als eh.
Ein Kettlein von Gold wohl rings um das Haus!
Und jetzo ist unser schöns Mailied aus.

4. Gott dank euch, Gott dank euch, ihr freundlichen Leut,
   Gott helf euch, Gott helf euch ins himmlische Reich!
   Im Himmel da steht ein goldener Tisch,
   da sitzen die Engel gesund und frisch.
   Im Himmel da steht ein goldener Thron,
   Gott gebe euch allen den ew'gen Lohn!

# Wir tanzen im Maien

Worte und Weise aus dem 18. Jahrhundert

1. Wir tan-zen im Mai-en den lu-sti-gen Rei-hen, es sin-gen und jauch-zen die Flö-ten dar-ein. Die Fie-del er-tö-net, und

tief brummt der Baß. Wir tre-ten den Rei-hen auf knos-pen-dem Gras.

2. Wir tanzen im Maien
den lustigen Reihen,
es singen und jauchzen
die Flöten darein.

Wir fassen in Reihen
uns fest bei der Hand
und tanzen im Maien,
im Maien durchs Land.

# Der Mai, der lustige Mai

Aus dem Siebengebirge

1. Der Mai, der Mai, der lustige Mai, der kommt herangerauschet. Ich ging in den Busch und brach mir einen Mai, der Mai, und der war grüne, tralara, tralalalalala, der Mai, und der war grüne!

2. Der Mai, der Mai, der lustige Mai
   erfreuet jedes Herze.
   Ich spring in den Reih'n
   und freue mich dabei
   und sing und spring und scherze.

# Im Maien die Vögelein singen

Alter Maientanz aus dem Rheinland

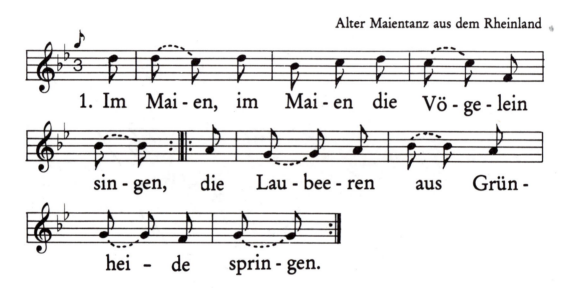

1. Im Maien, im Maien die Vögelein singen, die Laubeeren aus Grünheide springen.

2. Sie tanzen, sie springen vor Herzliebchens Tür,
   da geht ein Abendtänzchen herfür.

3. Ein Abendtänzchen, es währet nicht lang,
   mit einer Schalmeien aus Engelland.

4. Wir hoffen, sie werden schon wiederum kommen,
   der Mai bringt uns den lustigen Sommer.

5. Den lustigen Sommer, den gelben Klee;
   Herzliebchen, das Scheiden, und das tut weh.

# Nun will der Lenz uns grüßen

Worte: Neidhart von Reuenthal
Altes Reigenlied

1. Nun will der Lenz uns grüßen, von Mittag weht es lau;
aus allen Ekken sprießen die Blumen rot und blau.
Draus wob die braune Heide sich ein Gewand gar fein
und lädt im Festtagskleide zum Maientanze ein.

2. Waldvöglein Lieder singen,
wie ihr sie nur begehrt,
drum auf zum frohen Springen,
die Reis' ist Goldes wert!
Hei, unter grünen Linden,
da leuchten weiße Kleid'!
Heija, nun hat uns Kinden
ein End' all Wintersleid.

# Alle Vögel sind schon da

Worte: Heinrich Hoffmann von Fallersleben
Alte Volksweise

1. Alle Vögel sind schon da, alle Vögel, alle. Welch ein Singen, Musiziern, Pfeifen, Zwitschern, Tirilliern! Frühling will nun einmarschiern, kommt mit Sang und Schalle.

2. Wie sie alle lustig sind, flink und froh sich regen!
   Amsel, Drossel, Fink und Star und die ganze Vogelschar
   wünschet dir ein frohes Jahr, lauter Heil und Segen.

3. Was sie uns verkündet nun, nehmen wir zu Herzen.
   Wir auch wollen lustig sein, lustig wie die Vögelein,
   hier und dort, feldaus, feldein, singen, springen, scherzen.

# Grüß Gott, du schöner Maien

Aus dem 16. Jahrhundert

1. Grüß Gott, du schöner Maien, da bist du wiedrum hier.
Tust jung und alt erfreuen mit deiner Blumen Zier!
Die lieben Vöglein alle, sie singen also hell,
Frau Nachtigall mit Schalle hat die fürnehmste Stell.

2. Die kalten Wind verstummen,
der Himmel ist gar blau,
die lieben Bienlein summen
daher auf grüner Au.
O holde Lust im Maien,
da alles neu erblüht,
du kannst mir sehr erfreuen
mein Herz und mein Gemüt.

# Alles neu macht der Mai

Worte: H. A. von Kamp
Volksweise

Al - les neu macht der Mai, macht die See - le frisch und frei. Laßt das Haus, kommt hin - aus, win - det ei - nen Strauß! Rings er - glän - zet Son - nen schein, duf - tend pran - get Flur und Hain, Vo - gel - sang, Hör - ner - klang tönt den Wald ent - lang.

# Der Mai ist gekommen

Worte: Emanuel Geibel
Weise: Justus W. Lyra

1. Der Mai ist gekommen, die Bäume schlagen aus,
   da bleibe, wer Lust hat, mit Sorgen zu Haus!
   Wie die Wolken dort wandern am himmlischen Zelt,
   so steht auch mir der Sinn in die weite, weite Welt.

2. Frisch auf drum, frisch auf drum im hellen Sonnenstrahl,
   wohl über die Berge, wohl durch das tiefe Tal!
   Die Quellen erklingen, die Bäume rauschen all:
   Mein Herz ist wie 'ne Lerche und stimmet ein mit Schall.

3. Und find ich kein' Herberg, so lieg ich zu Nacht
   wohl unter blauem Himmel, die Sterne halten Wacht,
   im Winde die Linde, die rauscht mich ein gemach,
   es küsset in der Frühe das Morgenrot mich wach.

# Ei wohl ein schöne Zeit

Aus Bayern und Österreich

1. Ei wohl ein schöne Zeit bei schönster Frühjahrszeit!
Die Vöglein tun schön singen, vor Freud' zur Höh' aufspringen.
Ei wohl ein schöne Zeit bei schönster Frühjahrszeit!

2. Kaum bricht der Morgen an,
   hört man der Vöglein G'sang.
   Die Wachtel tut schön schlagen,
   das kann man willig sagen.
   Der Kuckuck schreit im Wald,
   daß 's durch die Täler schallt.

3. Kommt wohl ein and're Zeit,
   wenn man den Weizen schneid't.
   Der Weizen kommt in die Scheuer,
   das Unkraut kommt in das Feuer.
   Kommt wohl ein and're Zeit,
   wenn man den Weizen schneid't.

# Ward ein Blümchen mir geschenket

Worte: Heinrich Hoffmann von Fallersleben
Volksweise

1. Ward ein Blüm-chen mir ge-schen-ket,
hab's ge-pflanzt und hab's ge-trän-ket.
Vö-gel, kommt und ge-bet acht!
Gelt, ich hab es recht ge-macht?

2. Sonne, laß mein Blümchen sprießen!
   Wolke, komm, es zu begießen!
   Richt empor dein Angesicht,
   liebes Blümchen, fürcht dich nicht!

3. Sonne ließ mein Blümchen sprießen,
   Wolke kam, es zu begießen;
   jedes hat sich brav gemüht,
   und mein liebes Blümchen blüht.

# Leise zieht durch mein Gemüt

Worte: Heinrich Heine
Weise: Felix Mendelssohn-Bartholdy

1. Leise zieht durch mein Gemüt liebliches Geläute; klinge, kleines Frühlingslied, kling hinaus ins Weite!

2. Zieh hinaus bis an das Haus,
   wo die Blumen sprießen;
   wenn du eine Rose schaust,
   sag, ich laß sie grüßen.

# Trariro, der Sommer, der ist do

Aus der Pfalz und dem Odenwald

1. Tra-ri-ro, der Sommer, der ist do! Wir wollen in den Garten und wolln des Sommers warten. Jo, jo, jo, der Sommer, der ist do!

2. Tra-ri-ro, der Sommer, der ist do!
   Wir wollen zu den Hecken
   und wolln den Sommer wecken.
   Jo, jo, jo, der Sommer, der ist do!

3. Tra-ri-ro, der Sommer, der ist do!
   Der Sommer hat's gewonnen,
   der Winter hat's verloren.
   Jo, jo, jo, der Sommer, der ist do!

# Schön ist die Welt

# Was noch frisch und jung an Jahren

Aus Franken

1. Was noch frisch und jung an Jahren,
   um was Neues zu erfahren,
   das geht jetzt auf Wanderschaft,
   keck zu proben seine Kraft.
   Bleib nicht sitzen in deim Nest,
   Reisen ist das Allerbest!

2. Fröhlich klingen unsre Lieder,
   und es grüßt der Amsel Schlag.
   Auf, so laßt uns reisen, Brüder,
   in den hellen, jungen Tag!
   Bleib nicht sitzen ...

3. Also gehn wir auf die Reise
   in viel Städt und fremde Land,
   machen uns mit ihrer Weise,
   ihren Künsten wohl bekannt.
   Bleib nicht sitzen ...

# Wem Gott will rechte Gunst erweisen

Worte: Joseph Freiherr von Eichendorff
Weise: Th. Fröhlich

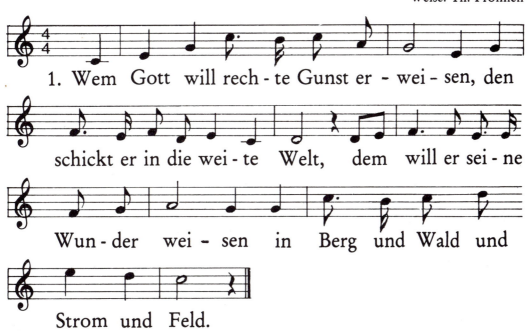

1. Wem Gott will rechte Gunst erweisen, den schickt er in die weite Welt, dem will er seine Wunder weisen in Berg und Wald und Strom und Feld.

2. Die Trägen, die zu Hause liegen,
erquicket nicht das Morgenrot;
sie wissen nur von Kinderwiegen,
von Sorgen, Last und Not um Brot.

3. Die Bächlein von den Bergen springen,
die Lerchen schwirren hoch vor Lust;
was sollt ich nicht mit ihnen singen
aus voller Kehl und frischer Brust?

4. Den lieben Gott laß ich nur walten;
der Bächlein, Lerchen, Wald und Feld
und Erd und Himmel will erhalten,
hat auch mein Sach aufs best bestellt.

# Im Frühtau zu Berge

Nach einem schwedischen Volkslied

1. Im Frühtau zu Berge wir gehn, fallera,
es grünen die Wälder, die Höhn, fallera.
Wir wandern ohne Sorgen
singend in den Morgen
noch eh im Tale die Hähne krähn.

2. Ihr alten und hochweisen Leut,
ihr denkt wohl, wir sind nicht gescheit?
Wer sollte aber singen,
wenn wir schon Grillen fingen
in dieser herrlichen Frühlingszeit! (Sommerzeit)

3. Werft ab alle Sorgen und Qual
und wandert mit uns aus dem Tal!
Wir sind hinausgegangen,
den Sonnenschein zu fangen.
Kommt mit, versucht es auch selbst einmal!

# Schön ist die Welt

Aus Oberhessen

1. Schön ist die Welt, drum Brü-der laßt uns rei-sen wohl in die wei-te Welt, wohl in die wei-te Welt.

2. Wir sind nicht stolz, wir brauchen keine Pferde,
   die uns von dannen ziehn.

3. Wir steig'n hinauf auf Berge und auf Hügel,
   wo uns die Sonne sticht.

4. Wir laben uns an jeder Felsenquelle,
   wo frisches Wasser fließt.

5. Wir reisen fort von einer Stadt zur andern,
   wo uns die Luft gefällt.

# Auf, auf, ihr Wandersleut

Aus Nordböhmen

1. Auf, auf, ihr Wan-ders-leut, zum Wan-dern kommt die Zeit! Tut euch nicht lang ver-wei-len, in Got-tes Na-men rei-sen! Das Glück, das lau-fet im-mer-fort an ei-nen an-dern Ort.

2. Ihr liebsten Eltern mein,
   ich will euch dankbar sein.
   Die ihr mir habt gegeben,
   von Gott ein langes Leben,
   so gebet mir gleich einer Speis'
   den Segen auf die Reis'.

3. Ihr lieben G'schwister all,
   lebt wohl zu tausendmal!
   Ihr werdet mich nicht mehr sehen
   bei eur' Gesellschaft stehen,
   ich muß nun reisen ganz allein,
   muß selbst mein Bruder sein.

4. Der Tau vom Himmel fällt,
   hell wird das Firmament.
   Die Vöglein in der Höhe,
   wenn sie vom Schlaf aufstehen,
   da sing'n sie mir zu meiner Freud:
   Lebt wohl, ihr Wandersleut!

# Auf, du junger Wandersmann

Aus Franken

1. Auf, du junger Wandersmann! Jetzo kommt die Zeit heran; die Wanderzeit, die gibt uns Freud. Wolln uns auf die Fahrt begeben, das ist unser schönstes Leben; große Wasser, Berg und Tal anzuschauen überall.

2. An dem schönen Donaufluß
   findet man ja seine Lust
   und seine Freud auf grüner Heid,
   wo die Vöglein lieblich singen
   und die Hirschlein fröhlich springen;
   dann kommt man vor eine Stadt,
   wo man gute Arbeit hat.

3. Mancher hinterm Ofen sitzt
und gar fein die Ohren spitzt,
kein Stund fürs Haus ist kommen aus;
den soll man als Gsell erkennen
oder gar ein Meister nennen,
der noch nirgends ist gewest,
nur gesessen in seim Nest?

# Heut noch sind wir hier zu Haus

Strophe 2–5 von Heinrich Hoffmann von Fallersleben
Nach einer Volksweise von Ludwig Erk

1. Heut noch sind wir hier zu Haus,
   morgen geht's zum Tor hinaus,
   und wir müssen wandern, wandern.
   Keiner weiß vom andern.

2. Lange wandern wir umher
   durch die Länder kreuz und quer,
   wandern auf und nieder,
   keiner sieht sich wieder.

3. Und so wandr' ich immerzu,
   fände gerne Rast und Ruh.
   Muß doch weiter gehen,
   Kält und Hitz ausstehen.

4. Manches Mägdlein lacht mich an,
   manches spricht: Bleib, lieber Mann!
   Ach, ich bliebe gerne,
   muß doch in die Ferne.

5. Und die Ferne wird mir nah,
endlich ist die Heimat da!
Aber euch, ihr Brüder,
seh ich niemals wieder.

# Muß i denn, muß i denn

Worte: 2. u. 3. Strophe v. Heinrich Wagner
Schwäbische Volksweise

1. Muß i denn, muß i denn zum Städtele 'naus, Städtele 'naus, und du, mein Schatz bleibst hier? Wenn i komm, wenn i komm, wenn i wiederum komm, wiederum komm, kehr i ein, mein Schatz, bei dir. Kann i gleich net allweil bei dir sein, han i doch mein Freud an dir. Wenn i komm, wenn i komm, wenn i wiederum komm, wiederum komm, kehr i ein, mein Schatz, bei dir.

2. Wie du weinst, daß i wandere muß,
   wie wenn d'Lieb jetzt wär vorbei;
   sind au draus der Mädele viel,
   lieber Schatz, i bleib dir treu.
   Denk du net, wenn i ein andre seh,
   no sei mein Lieb vorbei;
   sind au draus ...

3. Übers Jahr, wenn mer Träubele schneidt,
   stell i hier mi wiedrum ein,
   bin i dann dein Schätzele noch,
   so soll die Hochzeit sein.
   Übers Jahr, da ist mein Zeit vorbei,
   da g'hör i mein und dein;
   bin i dann ...

# Das Wandern ist des Müllers Lust

Worte: Wilhelm Müller, Weise: Karl Zöllner

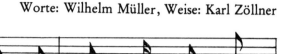

1. Das Wandern ist des Müllers Lust, das Wandern ist des Müllers Lust, das Wandern. Das muß ein schlechter Müller sein, dem niemals fiel das Wandern ein, dem niemals fiel das Wandern ein, das Wandern.

2. Vom Wasser haben wir's gelernt, vom Wasser!
   Das hat nicht Ruh bei Tag und Nacht,
   ist stets auf Wanderschaft bedacht, das Wasser.

3. Das sehn wir auch den Rädern ab, den Rädern,
   die gar nicht gerne stille stehn,
   die sich mein Tag nicht müde drehn, die Räder.

4. Die Steine selbst, so schwer sie sind, die Steine,
   sie tanzen mit den muntern Reihn
   und wollen gar noch schneller sein, die Steine.

5. O Wandern, Wandern, meine Lust, o Wandern!
   Herr Meister und Frau Meisterin,
   laßt mich in Frieden weiterziehn und wandern.

# Es klappert die Mühle

Worte: Ernst Anschütz
Volksweise

1. Es klap-pert die Müh-le am rau-schen-den Bach: klipp, klapp.
Bei Tag und bei Nacht ist der Mül-ler stets wach: klipp, klapp.
Er mah-let uns Korn zu dem kräf-ti-gen Brot,
und ha-ben wir die-ses, dann hat's kei-ne Not.
Klipp, klapp, klipp, klapp, klipp, klapp, klipp, klapp.

2. Flink laufen die Räder und drehen den Stein,
klipp, klapp,
und mahlen den Weizen zu Mehl uns so fein,
klipp, klapp.
Der Müller, der füllt uns den schweren Sack,
der Bäcker das Brot und den Kuchen uns backt.
Klipp, klapp.

3. Wenn goldene Körner das Ackerfeld trägt,
klipp, klapp,
die Mühle dann flink ihre Räder bewegt,
klipp, klapp.
Und schenkt uns der Himmel nur immer das Brot,
so sind wir geborgen und leiden nicht Not.
Klipp, klapp.

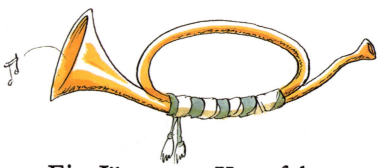

# Ein Jäger aus Kurpfalz

Volksweise

1. Ein Jäger aus Kurpfalz, der reitet durch den grünen Wald, er schießt das Wild daher, gleich wie es ihm gefallt. Ju-ja, ju-ja, gar lustig ist die Jägerei allhier auf grüner Heid, allhier auf grüner Heid.

2. Auf, sattle mir mein Pferd
   und leg darauf mein Mantelsack,
   so reit ich hin und her
   als Jäger aus Kurpfalz. Juja ...

3. Jetzt reit ich nicht mehr heim,
   bis daß der Kuckuck „Kuckuck" schreit;
   er schreit die ganze Nacht
   allhier auf grüner Heid. Juja ...

# Lauf, Jäger, lauf

Rheinländische Volksweise

1. Ein Jäger längs dem Weiher ging, lauf, Jäger, lauf! Die Dämmerung den Wald umfing. Lauf, Jäger, lauf, Jäger, lauf, lauf, lauf, mein lieber Jäger, guter Jäger, lauf, lauf, lauf, mein lieber Jäger, lauf, mein lieber Jäger lauf!

2. Was raschelt in dem Grase dort,
   lauf, Jäger, lauf,
   was flüstert leise fort und fort?
   Lauf, Jäger ...

3. Was ist das für ein Untier doch,
   lauf, Jäger, lauf,
   hat Ohren wie ein Blocksberg hoch?
   Lauf, Jäger ...

4. Das muß fürwahr ein Kobold sein,
   lauf, Jäger, lauf,
   hat Augen wie Karfunkelstein.
   Lauf, Jäger . . .

5. Der Jäger furchtsam um sich schaut,
   lauf, Jäger, lauf,
   jetzt will ich's wagen, o mir graut!
   Lauf, Jäger . . .

6. Der Jäger lief zum Wald hinaus,
   lauf, Jäger, lauf,
   verkroch sich flink im Jägerhaus.
   Lauf, Jäger . . .

7. Das Häschen spielt im Mondenschein,
   lauf, Jäger, lauf,
   ihm leuchten froh die Äugelein.
   Lauf, Jäger . . .

# Ich ging durch einen grasgrünen Wald

Melodie aus Hessen-Darmstadt
Strophe 2 und 3 von Hermann Klettke

1. Ich ging durch einen grasgrünen Wald, da hört ich die Vögelein singen. Sie sangen so jung, sie sangen so alt, die kleinen Vögelein in dem Wald, die hört ich so gerne wohl singen.

2. O sing nur, singe, Frau Nachtigall!
   Wer möchte dich, Sängerin, stören?
   Wie wonniglich klingt's im Widerhall!
   Es lauschen die Blumen, die Vögelein all,
   sie wollen die Nachtigall hören.

3. Nun muß ich wandern bergauf, bergab;
   die Nachtigall singt in der Ferne.
   Es wird mir so wohl, so leicht am Stab,
   und wie ich wandre bergauf, bergab:
   die Nachtigall singt in der Ferne.

# Im Walde, da wachsen die Beer'n

Aus Thüringen

1. Im Walde, da wachsen die Beer'n, hallo, halli, hallo. Tralalalala, tralalalala, tralalalalalala, tralalala.
   Drum hab ich den Wald auch so gern, hallo, halli, hallo...

2. Im Walde, da wachsen die Schwämm...
   Wenn's keine gibt, bleib'n wir derhämm...

3. Im Walde, da gibt's lust'ge Leut...
   Und Beeren und Schwämm such'n wir heut!...

# Ein Männlein steht im Walde

Worte: Heinrich Hoffmann von Fallersleben
Niederrheinische Volksweise

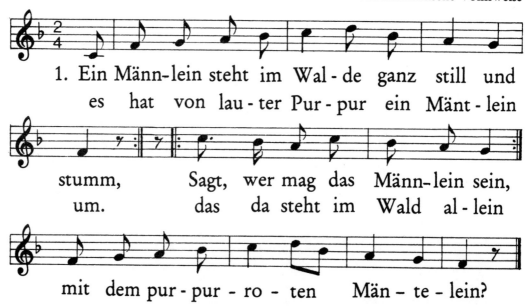

1. Ein Männ-lein steht im Wal-de ganz still und stumm, Sagt, wer mag das Männ-lein sein, mit dem pur-pur-ro-ten Män-te-lein?
   es hat von lau-ter Pur-pur ein Mänt-lein um. das da steht im Wald al-lein

2. Das Männlein steht im Walde auf einem Bein
   und hat auf seinem Haupte schwarz Käpplein klein.
   Sagt, wer mag das Männlein sein,
   das da steht im Wald allein
   mit dem kleinen schwarzen Käppelein?

*Gesprochen:*
Das Männlein dort auf einem Bein
mit seinem roten Mäntelein
und seinem schwarzen Käppelein
kann nur die Hagebutte sein!

# So scheiden wir mit Sang und Klang

Worte: Heinrich Hoffmann von Fallersleben
Volksweise

1. So schei-den wir mit Sang und Klang! Leb wohl, du schö-ner Wald, mit dei-nem küh-len Schat-ten, mit dei-nen grü-nen Mat-ten, du sü-ßer Auf-ent-halt, du sü-ßer Auf-ent-halt!

2. Wir singen auf dem Heimweg noch
   ein Lied der Dankbarkeit:
   Lad ein wie heut uns wieder
   auf Laubesduft und Lieder
   zur schönen Maienzeit!

3. Schaut hin! Von fern noch hört's der Wald
   in seiner Abendruh!
   Die Wipfel möcht er neigen,
   er rauscht mit den Zweigen.
   Lebt wohl! ruft er uns zu.

# Auf de schwäbsche Eisebahne

*Aus Schwaben*

1. Auf de schwäb-sche Ei-se-bah-ne gibt's gar vie-le Halt-sta-tio-ne, Schtue-gert, Ulm und Bi-be-rach, Mek-ke-beu-re, Dur-les-bach. Rul-la, rul-la, rul-la-la, rul-la, rul-la, rul-la-la, Schtue-gert, Ulm und Bi-be-rach, Mek-ke-beu-re, Dur-les-bach.

2. Auf de schwäbsche Eisebahne
   wollt amal a Bäurle fahre,
   geht an Schalter, lupft de Hut:
   „Oi Billettle, seid so gut!"

3. Eine Geiß hat er sich kaufet,
   und daß sie ihm nit entlaufet,
   bindet sie de gute Ma
   hinte an de Wage a.

4. „Böckli, tu nur woidle springe,
   's Futter werd i dir scho bringe."
   Setzt sich zu seim Weible na
   und brennts Tabakspfeifle a.

5. Auf de nächste Statione,
   wo er will sein Böckle hole,
   findt er nur noch Kopf und Soil
   an dem hintre Wagetoil.

6. Do kriegt er en große Zorne,
   nimmt den Kopf mitsamt dem Horne,
   schmeißt en, was er schmeiße ka,
   dem Konduktör an Schädel na:

7. „So, du kannst den Schade zahle,
   warum bist so schnell gefahre!"
   Du allein bischt Schuld dara,
   daß i d'Gois verlaure ha!"

# Im schönsten Wiesengrunde

Volkslied

1. Im schönsten Wiesengrunde ist meiner Heimat Haus; da zog ich manche Stunde ins Tal hinaus. Dich, mein stilles Tal, grüß ich tausendmal! Da zog ich manche Stunde ins Tal hinaus.

2. Müßt aus dem Tal jetzt scheiden, wo alles Lust und Klang;
das wär mein herbstes Leiden, mein letzter Gang.
Dich, mein stilles Tal, grüß ich tausendmal!
Das wär mein herbstes Leiden, mein letzter Gang.

3. Sterb ich, in Tales Grunde will ich begraben sein;
singt mir zur letzten Stunde beim Abendschein:
Dir, o stilles Tal, Gruß zum letzten Mal!
Singt mir zur letzten Stunde beim Abendschein.

# Winde wehn, Schiffe gehn

Aus Finnland

1. Win-de wehn, Schif-fe gehn weit in frem-de Land! Und des Ma-tro-sen al-ler-lieb-ster Schatz bleibt wei-nend stehn am Strand.

2. Wein doch nicht, lieb Gesicht,
   wisch die Tränen ab!
   Und denk an mich und an die schöne Zeit,
   bis ich dich wieder hab.

3. Silber und Gold, Kisten voll,
   bring ich dann mit mir.
   Ich bringe Seiden und Sammetzeug,
   und alles schenk ich dir.

# Vo Luzern auf Wäggis zue

Vom Bodensee

2. Fahr im Schiffli übern See,
   um die schönen Maidli z'seh.

3. „Hansli, trink mer nit zu viel,
   's Galdi mueß verdienet si."

4. „Maidli, laß das Gambele goh,
   's Gambele wird dir scho vergoh."

# Das Schifflein schwingt sich

*Wachauer Schifferlied*

1. Das Schiff-lein schwingt sich dani vom Land, ade! Das Schiff-lein schwingt sich dani vom Land, lieb Mutter, reich mir deine Hand, ade, ade, ade, ade, lebe wohl!

2. Das Schifflein schwingt sich hin und her, ade!
   Das Schifflein schwingt sich hin und her,
   lieb Mutter, seh dich nimmermehr,
   ade, ade, ade, ade, lebe wohl!

3. Jetzt fahren wir ins ferne Land, ade!
   Jetzt fahren wir ins ferne Land,
   behüt dich Gott, mein Vaterland,
   ade, ade, ade, ade, lebe wohl!

# Jetzt fahrn wir übern See

Hopfenpflückerlied aus Nordböhmen

1. Jetzt fahrn wir übern See, übern See, jetzt fahrn wir übern See, mit einer hölzern Wurzel*, Wurzel, Wurzel, Wurzel, mit einer hölzern Wurzel, kein Ruder war nicht dran.

*Woidzülln = Waidzille = Jagdkahn

2. Und als wir drüber war'n,
   da sangen alle Vöglein,
   der helle Tag brach — an.

3. Der Jäger blies ins Horn,
   da bliesen alle Jäger,
   ein jeder in sein — Horn.

4. Das Liedlein, das ist aus.
   Und wer das Lied nicht singen kann,
   der fang's von vorne — an.

# Wann und wo

Im Kanon zu 4 Stimmen — Volkstümlich

Wann und wo, wann und wo sehen wir uns wieder und sind froh?

Der Mond

ist aufgegangen

## Abendstille überall

Im Kanon zu 3 Stimmen  
Worte und Weise: Thomas Laub

A - bend - stil - le ü - ber - all, nur am Bach die Nach - ti - gall singt ih - re Wei - se kla - gend und lei - se durch das Tal.

# Abend wird es wieder

Worte: Heinrich Hoffmann von Fallersleben
Weise: Christian Heinrich Rinck

1. A-bend wird es wie-der; ü-ber Wald und Feld säu-selt Frie-den nie-der, und es ruht die Welt.

2. Nur der Bach ergießet sich am Felsen dort,
   und er braust und fließet immer, immer fort.

3. Und kein Abend bringet Frieden ihm und Ruh,
   keine Glocke klinget ihm ein Rastlied zu.

4. So in deinem Streben bist, mein Herz, auch du,
   Gott nur kann dir geben wahre Abendruh.

# Es wird scho glei dumper

Aus Tirol

1. Es wird scho glei dum-per, es wird scho glei Nacht, drum kimm i zu dir her, mein Hei-land, auf d'Wacht. Will sin-gen a Lia-dl dem Lieb-ling, dem kloan, du magst ja nit schla-fn, i hear di nur woan. Hei, hei, hei, hei! Schlaf süaß, herz-liabs Kind!

2. Vergiß iatz, o Kinderl, dein Kummer, dei Load,
daß d' doda muaßt leidn im Stall auf der Hoad.
Es ziern ja die Engerl dei Liegerstatt aus,
mecht schener nit sein drin in Kinig sein Haus.

3. Ja, Kinderl, du bist halt im Kripperl so schian,
   mi ziemt, i kann nimmer awög von dir giahn;
   i wünsch dir von Herzen die süaßeste Ruah,
   die Engerln vom Himmel, si deckn di zua.

4. Mach zua deine Äugal in Ruah und in Fried
   und gib mir zum Abschied dein Segn no grad mit.
   Aft weard ja mei Schlaferl a sorgenlos' sein,
   aft kann i mi ruahli aufs Niederlegn freun.

# Kein schöner Land

Worte: Wilhelm von Zuccalmaglio
Weise: volkstümlich

1. Kein schö-ner Land in die-ser Zeit
als hier das uns-re weit und breit,
wo wir uns fin-den wohl un-ter
Lin-den zur A-bend-zeit. A-bend-zeit.

2. Da haben wir so manche Stund
gesessen da in froher Rund:
und taten singen;
die Lieder klingen
im Eichengrund.

3. Daß wir uns hier in diesem Tal
noch treffen so viel hundertmal:
Gott mag es schenken,
Gott mag es lenken,
er hat die Gnad.

4. Nun, Brüder, eine gute Nacht,
der Herr im hohen Himmel wacht!
In seiner Güten
uns zu behüten
ist er bedacht.

# Ich geh mit meiner Laterne

Volksweise

Ich geh mit mei-ner La-ter-ne und mei-ne La-ter-ne mit mir.
Dort o-ben leuch-ten die Ster-ne und un-ten da leuch-ten wir.
Mein Licht ist aus, ich geh nach Haus, ra-bim-mel, ra-bam-mel, ra-bumm.

## Laterne, Laterne

Volksweise

La - ter - ne, La - ter - ne, Son - ne, Mond und Ster - ne. Bren - ne auf mein Licht, a - ber nur mei - ne lie - be La - ter - ne nicht.

# Guten Abend, gut' Nacht

Worte: 1. Strophe Volkslied, 2. Strophe von Gottlieb Scherer
Weise: Johannes Brahms

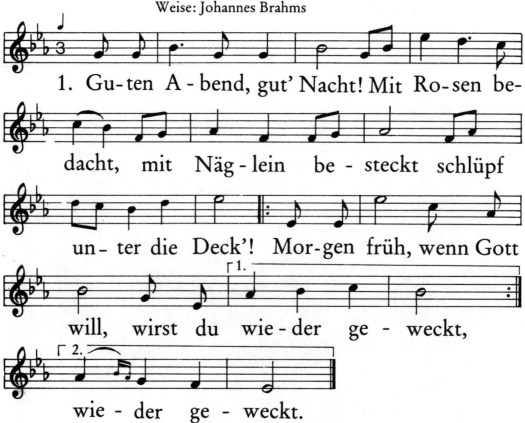

1. Gu-ten A-bend, gut' Nacht! Mit Ro-sen be-dacht, mit Näg-lein be-steckt schlüpf un-ter die Deck'! Mor-gen früh, wenn Gott will, wirst du wie-der ge-weckt, wie-der ge-weckt.

2. Guten Abend, gut' Nacht!
   Von Englein bewacht,
   die zeigen im Traum
   dir Christkindleins Baum.
   Schlaf nur selig und süß,
   schau in Traum 's Paradies.

## O wie wohl ist mir am Abend

1. O wie wohl ist mir am Abend,
2. wenn zur Ruh die Glocken läuten:
3. Bim, bam, bim, bam, bim, bam.

## Wer hat die schönsten Schäfchen

Worte: Hoffmann von Fallersleben
Weise: Joh. Friedr. Reichard

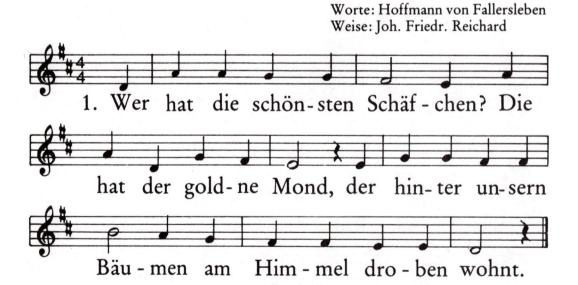

1. Wer hat die schönsten Schäfchen? Die hat der gold-ne Mond, der hinter unsern Bäumen am Himmel droben wohnt.

2. Dort weidet er die Schäfchen
auf seiner blauen Flur,
denn all die weißen Sterne
sind seine Schäfchen nur.

3. Und soll ich dir eins bringen,
so darfst du niemals schrein,
mußt freundlich wie die Schäfchen
und wie die Schäfer sein.

# Weißt du, wieviel Sternlein stehen

Worte: Wilhelm Hey
Weise: 18. Jahrhundert

1. Weißt du, wie-viel Stern-lein ste-hen an dem blau-en Him-mels-zelt? Gott, der Herr, hat sie ge-zäh-let, an der gan-zen gro-ßen Zahl, an der gan-zen gro-ßen Zahl.

    Weißt du, wie-viel Wol-ken ge-hen weit-hin ü-ber al-le Welt? daß ihm auch nicht ei-nes feh-let

2. Weißt du, wieviel Mücklein spielen
   in der heißen Sonnenglut,
   wieviel Fischlein auch sich kühlen
   in der hellen Wasserflut?
   Gott, der Herr, rief sie bei Namen,
   daß sie all ins Leben kamen,
   daß sie nun so fröhlich sind.

3. Weißt du, wieviel Kindlein frühe
stehn aus ihren Betten auf,
daß sie ohne Sorg und Mühe
fröhlich sind im Tageslauf?
Gott im Himmel hat an allen
seine Lust, sein Wohlgefallen,
kennt auch dich und hat dich lieb.

# Der Mond ist aufgegangen

Worte: Matthias Claudius
Weise: Joh. Abraham Peter Schulz

1. Der Mond ist auf-ge-gan-gen, die gold-nen Stern-lein pran-gen am Him-mel hell und klar; der Wald steht schwarz und schwei-get, und aus den Wie-sen stei-get der wei-ße Ne-bel wun-der-bar.

2. Wie ist die Welt so stille,
und in der Dämmrung Hülle
so traulich und so hold!
Als eine stille Kammer,
wo ihr des Tages Jammer
verschlafen und vergessen sollt.

3. Seht ihr den Mond dort stehen?
Er ist nur halb zu sehen
und ist doch rund und schön!
So sind wohl manche Sachen,
die wir getrost belachen,
weil unsre Augen sie nicht sehn.

4. So legt euch denn, ihr Brüder,
in Gottes Namen nieder.
Kalt ist der Abendhauch:
verschon uns, Gott, mit Strafen
und laß uns ruhig schlafen,
und unsern kranken Nachbar auch.

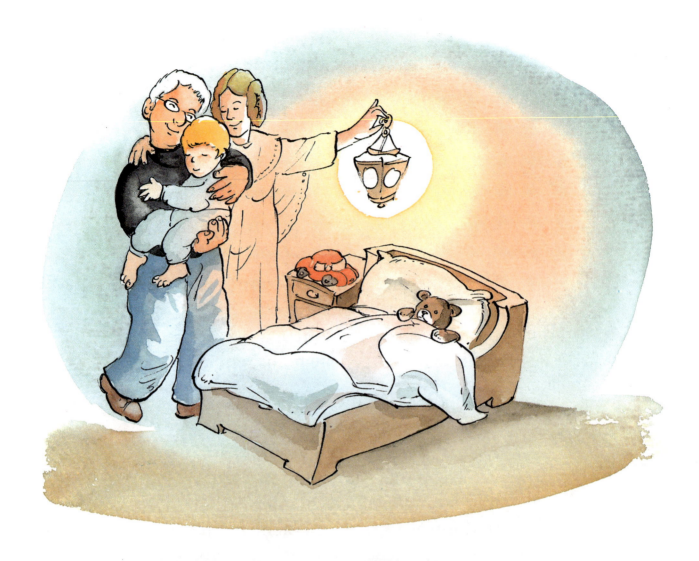

## Müde bin ich, geh' zur Ruh

Worte: Luise Hensel
Weise: volkstümlich

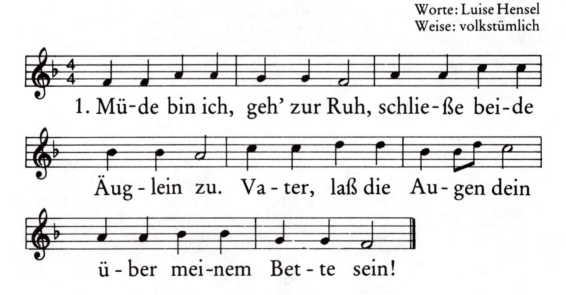

1. Mü-de bin ich, geh' zur Ruh, schlie-ße bei-de Äug-lein zu. Va-ter, laß die Au-gen dein ü-ber mei-nem Bet-te sein!

2. Alle, die mir sind verwandt,
   Gott, laß ruhn in deiner Hand!
   Alle Menschen, groß und klein,
   sollen dir befohlen sein.

## Nun wollen wir singen

Volkslied aus dem Odenwald

1. Nun wollen wir singen das Abendlied und bitten, daß Gott uns behüt.

2. Es weinen viel Augen wohl jegliche Nacht,
   bis morgens die Sonne erwacht.

3. Es wandern viel Sternlein am Himmelsrund,
   wer sagt ihnen Fahrweg und Stund?

4. Daß Gott uns behüt, bis die Nacht vergeht,
   kommt singet das Abendgebet!

# Stille, stille

Aus Thüringen

Stil - le, stil - le, kein Ge - räusch ge - macht!
Da - rum seid mir al - le still, weil mein
Kind - lein schla - fen will. Stil - le, stil - le,
kein Ge - räusch ge - macht!

# Nun schlaf, mein liebes Kindelein

Aus dem 16. Jahrhundert

1. Nun schlaf, mein lie-bes Kin-de-lein, und tu die Äug-lein zu, denn Gott, der will dein Va-ter sein, drum schlaf in gu-ter Ruh, drum schlaf in gu-ter Ruh.

2. Er sendet dir die Engelein
   zu Hütern Tag und Nacht,
   daß sie bei deiner Wiegen sein
   und halten gute Wacht.

# Schlaf, Kindelein, süße

Mündlich überliefert

1. Schlaf, Kindelein, süße! Die Engelein lassen dich grüßen! Sie lassen dich grüßen, sie lassen dir sagen, sie werden dich 'nüber ins Himmelreich tragen. Schlaf, Kindelein, süße!

2. Schlaf, Kindelein, balde,
   so singen die Vögel im Walde.
   Sie singen den grünen Wald aus und ein,
   heio, mein Kindelein, schlaf nur ein:
   Schlaf, Kindelein, balde!

## Eija Slap, Söting

Volkslied aus Mecklenburg

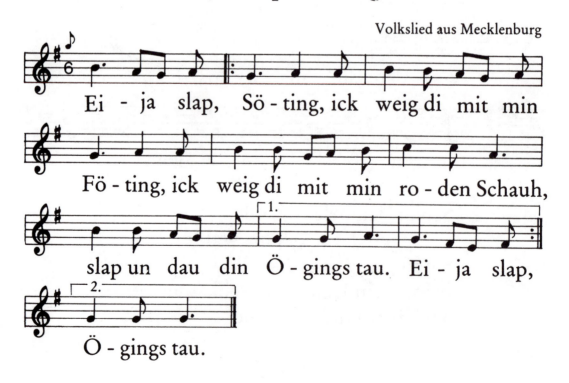

Ei - ja slap, Sö - ting, ick weig di mit min Fö - ting, ick weig di mit min ro - den Schauh, slap un dau din Ö - gings tau. Ei - ja slap, Ö - gings tau.

# Heidel, Bubeidel

Altes Wiegenlied

1. Hei-del, Bu-bei-del, in gu-ter Ruh,
drück dei-ne schwarz-brau-nen Äug-lein zu,
drück's nur zu, mach's nim-mer auf,
bis daß ich komm' und sag: Kind-lein, steh auf! Hei-del, Hei-del, Bu-bei-del.

2. Heidel, Bubeidel, tu still schweigen,
   dein Vater kauft dir eine goldene Geigen,
   deine Mutter kauft dir einen goldenen Wagen,
   da kannst du, mein Kindlein, drin lustwandeln fahrn.

3. Heidel, Bubeidel, schlaf lange Zeit,
   s'ist ja dein Mutter ausgangen heut.
   S'ist ausgangen, kommt lang nimmer heim.
   Was werd' ich solang tun mit dem klein Bubelein?

## Die Blümelein, sie schlafen

Worte und Weise: volkstümlich

1. Die Blü-me-lein, sie schla-fen schon längst im Mon-den-schein, sie nik-ken mit den Köp-fen auf ih-ren Sten-ge-lein. Es rüt-telt sich der Blü-ten-baum, er säu-selt wie im Traum. Schla-fe, schlaf du, mein Kind-lein, schla-fe ein!

2. Die Vögelein, sie sangen
So süß im Sonnenschein,
Sie sind zur Ruh gegangen
In ihre Nestchen klein.
Das Heimchen in dem Ährengrund,
Es tut allein sich kund.
Schlafe ...

3. Sandmännchen kommt geschlichen
Und guckt durchs Fensterlein,
Ob irgend noch ein Liebchen
Nicht mag zu Bette sein.
Und wo er nur ein Kindchen fand,
Streut er ins Aug' ihm Sand.
Schlafe ...

## Schlaf, Kindchen, balde

Aus Süddeutschland

Schlaf, Kind-chen, bal-de! Vög-lein flieg'n im Wal-de, sie flieg'n wohl ü-ber Laub und Gras und brin-gen mei-nem Kind-chen was. Was soll'n sie ihm denn bringen? Zuckerplätzchen und Ringeln, schöne Rosin' und Mandelkern', die ißt mein kleines Kindchen gern.

## Kindlein mein

Aus Mähren

Kindlein mein, schlaf doch ein, weil die Sternlein kommen! Eia
Und der Mond kommt auch schon wieder angeschwommen.

Wieglein, Wieglein mein, schlaf doch, Kindlein, schlaf doch ein!

# Schlaf, Kindlein, schlaf

Worte: aus „Des Knaben Wunderhorn"
Weise: volkstümlich

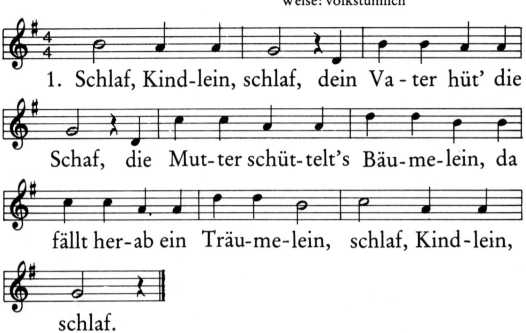

1. Schlaf, Kindlein, schlaf, dein Vater hüt' die Schaf, die Mutter schüttelt's Bäumelein, da fällt herab ein Träumelein, schlaf, Kindlein, schlaf.

2. Schlaf, Kindlein, schlaf,
   Am Himmel ziehn die Schaf.
   Die Sternlein sind die Lämmerlein,
   Der Mond, der ist das Schäferlein.
   Schlaf, Kindlein, schlaf.

3. Schlaf, Kindlein, schlaf,
   So schenk' ich dir ein Schaf
   Mit einer goldnen Schelle fein,
   Das soll dein Spielgeselle sein.
   Schlaf, Kindlein, schlaf.

## Eia, peia, Wiegenstroh

Volkstümlich

Ei-a, pei-a, Wie-gen-stroh, schläft mein Kind, so bin ich froh. Ei-a, pei-a, Wie-gen-stoß, ü-bers Jahr ist's Kind-lein groß.

# Aber heidschi bumbeidschi

Volkslied aus dem Böhmerwald, auch Oberösterreich

1. A-ber heid-schi bum-beid-schi, schlaf lan-ge,
es is ja dei Muat-ter aus-gan-ge,
sie is ja aus-gan-gen und kimmt nim-mer hoam
und laßt das kloa Büa-be-le ganz al-loan.
A-ber heid-schi bum-beid-schi bum-bum,
a-ber heid-schi bum-beid-schi bum-bum.

2. Aber heidschi bumbeidschi, schlaf siasse,
die Engelein lassn di griassn!
Sie lassn di griassn und lassn di fragn,
ob du in Himmel spaziern willst fahrn.
Aber heidschi ...

3. Aber heidschi bumbeidschi, in Himml,
   da fahrt di a schneeweißer Schimml,
   drauf sitzt a kloans Engel mit oaner Latern,
   drein leucht von Himml der allerschönst Stern.
   Aber heidschi ...

4. Der Heidschibumbeidschi is kumma
   und hat ma mein Büale mitgnumma,
   er hat ma's mitgnumma und hats neamer bracht,
   drum wünsch i mein Büaberl a recht guate Nacht!
   Aber heidschi ...

## Guter Mond

Worte: K. Enslin
Weise: Volksweise aus dem 18. Jahrhundert

Gu-ter Mond, du gehst so stil-le durch die A-bend-wol-ken hin;
dei-nes Schöp-fers wei-ser Wil-le hieß auf je-ner Bahn dich ziehn.
Leuch-te freund-lich je-dem Mü-den in das stil-le Käm-mer-lein,
und dein Schim-mer gie-ße Frie-den ins be-dräng-te Herz hin-ein!

# Nun ruhen alle Wälder

Worte: Paul Gerhardt
Weise des Innsbruck-Liedes 15. Jahrhundert
in der Fassung Johann Sebastian Bachs

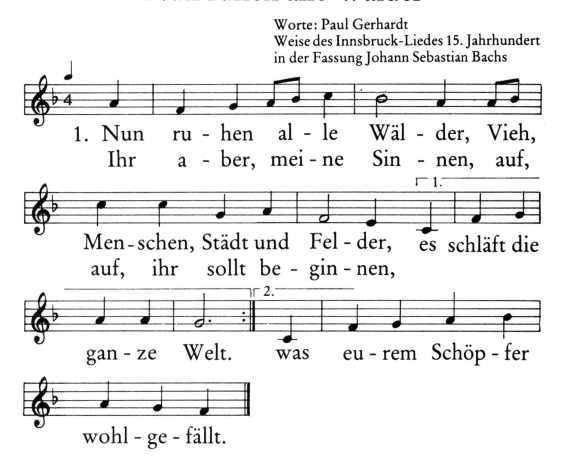

1. Nun ruhen alle Wälder,
   Vieh, Menschen, Städt und Felder,
   es schläft die ganze Welt.
   Ihr aber, meine Sinnen,
   auf, auf, ihr sollt beginnen,
   was eurem Schöpfer wohlgefällt.

2. Der Tag ist nun vergangen,
   die güldnen Sternlein prangen
   am blauen Himmelssaal,
   also werd' ich auch stehen,
   wann mich wird heißen gehen
   mein Gott aus diesem Jammertal.

3. Auch euch, ihr meine Lieben,
   soll heute nicht betrüben
   kein Unfall noch Gefahr,
   Gott laß euch selig schlafen,
   stell euch die güldnen Waffen
   ums Bett und seiner Engel Schar.

# Hört, ihr Herrn

Nachtwächterlied, um 1600

1. Hört, ihr Herrn, und laßt euch sagen, uns-re Glock hat zehn geschlagen: Zehn Gebote setzt Gott ein, gib, daß wir gehorsam sein. 1.-6. Menschenwachen kann nichts nützen, Gott muß wachen, Gott muß schützen. Herr, durch deine Güt' und Macht schenk uns eine gute Nacht!

2. Hört, ihr Herrn, und laßt euch sagen:
   unsre Glock hat elf geschlagen.
   Elf der Jünger blieben treu,
   gib, daß hier kein Abfall sei!

3. Hört, ihr Herrn, und laßt euch sagen:
   unsre Glock hat zwölf geschlagen.
   Zwölf, das ist das Ziel der Zeit.
   Mensch, bedenk die Ewigkeit!

4. Hört, ihr Herrn, und laßt euch sagen:
   unsre Glock hat eins geschlagen.
   Eins allein der ein'ge Gott,
   der uns trägt aus aller Not.

5. Hört, ihr Herrn, und laßt euch sagen:
   unsre Glock hat zwei geschlagen.
   Zwei Weg' hat der Mensch vor sich,
   Herr, den rechten lehre mich!

6. Hört, ihr Herrn, und laßt euch sagen:
   unsre Glock hat drei geschlagen.
   Drei ist eins, was göttlich heißt:
   Vater, Sohn und heil'ger Geist.

7. Hört, ihr Herrn, und laßt euch sagen:
   unsre Glock hat vier geschlagen.
   Vierfach ist das Ackerfeld,
   Mensch, wie ist dein Herz bestellt?
   Auf, ermuntert eure Sinnen,
   denn es weicht die Nacht von hinnen.
   Danket Gott, der uns die Nacht
   hat so väterlich bewacht.

# Der Mond, der scheint

Mündlich überliefert

1. Der Mond, der scheint, das Kindlein weint,
die Glock' schlägt zwölf, die Glock' schlägt zwölf,
daß Gott doch allen Kranken helf'!

2. Gott alles weiß,
das Mäuslein beißt,
die Glock' schlägt ein,
ein Traum spielt auf dem Kissen dein.

3. Ein Englein wacht,
   noch ist es Nacht.
   Die Glock' schlägt zwei,
   bald ist die schwarze Nacht vorbei.

4. Der Wind, der weht,
   der Hahn, der kräht,
   die Glock' schlägt drei,
   der Fuhrmann hebt sich von der Spreu.

5. Zum Bäcker lauf,
   ein Schnecklein kauf,
   die Glock' schlägt sieb'n,
   die Milch tu auf das Feuer schieb'n.

6. Tu Butter 'nein
   und Zucker fein,
   die Glock' schlägt acht,
   geschwind dem Kind die Milch gebracht.

# Ringel, Ringel, Reihe

# Wie geht meine kleine Geige

Aus Mähren

1. Wie geht mei - ne klei - ne Gei - ge?
Fi - dl, fi - dl, fi - dl, fi - dl, fi - dl, fi - dl,
geht mei - ne klei - ne Gei - ge.

2. Wie geht mein kleiner Zimbal?
   Zimpe, zimpe, zimp, zimpe, zimpe, zimp,
   geht mein kleiner Zimbal.

3. Wie geht mein großer, großer Baß?
   Brumm, brumm, brumm, brumm, brumm, brumm,
   geht mein großer, großer Baß.

4. Wie geht mein dicker Dudelsack?
   Dudl, dudl, dudl, dudl, dudl, dudl,
   geht mein dicker Dudelsack.

# Taler, Taler, du mußt wandern

Ta-ler, Ta-ler, du mußt wan-dern, von der ei-nen Hand zur an-dern. Das ist schön, das ist schön, Ta-ler, laß dich ja nicht sehn!

# Ich bin ein Musikante

Einer: 1. Ich bin ein Musikante und komm aus Schwabenland.
Alle: Wir sind auch Musikanten und komm'n aus Schwabenland.
Ich kann auch spielen, auf der Trompete.
Wir können spielen, auf der Trompete.
Tä - tä - te - rä, tä - tä - te - rä, tä - tä - te - rä - tä - tä.

2. Ich bin ein Musikante und komm aus Schwabenland.
   Ich kann auch spielen auf meiner Geige:
   Didel schumm, schumm, schumm ...

3. Ich bin ein Musikante und komm aus Schwabenland.
   Ich kann auch spielen auf meiner Flöte:
   Mach's A-Loch auf, mach's B-Loch zu ...

4. Ich bin ein Musikante und komm aus Schwabenland.
   Ich kann auch spielen auf meiner Pauke:
   Bumbum, berum ...

5. Ich bin ein Musikante und komm aus Schwabenland.
   Ich kann auch spielen auf dem Klaviere:
   Greif hier mal hin, greif da mal hin …

# Es geht eine Zipfelmütz

Es geht ei-ne Zip-felmütz in un-serm Kreis her-um. Es geht ei-ne Zip-felmütz in un-serm Kreis her-

# Ringel, Ringel, Reihe

Text aus „Des Knaben Wunderhorn"

Ringel, Ringel, Reihe, sind der Kinder dreie, sitzen auf dem Hollerbusch, schreien alle „Husch-husch-husch!"

# Der Großvatertanz

Alter deutscher Tanz

Als der Groß-va-ter die Groß-mut-ter nahm, da war der Groß-va-ter der Bräu-ti-gam, und die Groß-mut-ter war die Braut, da wur-den sie bei-de zu-sam-men ge-traut. Wer weiß, wie das noch wer-den mag, wer (noch wird:) Wer weiß, wie das noch weiß, wie das noch wird. wer weiß. wer weiß wer-den mag, wer weiß, wie das wer weiß.

## Großmutter will tanzen

Aus der Schweiz

Groß-mut-ter will tan-zen, auf, ma-chet Platz,
auf, ma-chet Platz, mit ih-rem Groß-va-ter,
ih-rem al-ler-lieb-sten Schatz. Lang-sam,
lang-sam, hei-di-del-dum, hei-di-del-dum,
di-del-dum.

## Brüderchen, komm tanz mit mir

1. Brü-der-chen, komm tanz mit mir! Bei-de Hän-de reich ich dir. 1.-3. Ein-mal hin,

2. Ei, das hast du gut gemacht, ei, das hätt ich nicht gedacht!

3. Noch einmal das schöne Spiel, weil es uns so gut gefiel.

# Es regnet auf der Brücke

Alter Ringeltanz

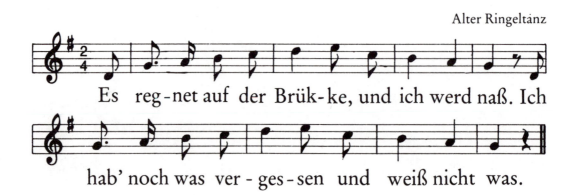

Es reg-net auf der Brük-ke, und ich werd naß. Ich hab' noch was ver-ges-sen und weiß nicht was.

Lie-be Schwe-ster, komm her-ein, komm zu mir zum Tanz her-ein, laß uns ein-mal tan-zen und lu-stig sein.

## Machet auf das Tor

Volksweise

1. Mach-et auf das Tor! Mach-et auf das Tor! Es kommt ein gold-ner Wa-gen.

2. Wer sitzt darin? Wer sitzt darin?
   Ein Mann mit goldnen Haaren.

3. Was will er denn? Was will er denn?
   Er will die Ursel holen.

4. Was tat sie denn? Was tat sie denn?
   Sie hat sein Herz gestohlen.

# Wo ist der Mann, der alles kann?

1. Wo ist der Mann, der al-les kann? vi-de-ral-lal-la, vi-de-ral-lal-la, vi-de-ral-lal-lal-lal-la. Er steht dort hin-term Bau-me, eins, zwei, drei, Vi-de-ral-lal-la, vi-de-ral-lal-la, vi-de-ral-lal-lal-lal-la.

2. Wo ist der Mann ...
   Ich hab' ihn da gesehen, eins, zwei, drei ...

3. Wo ist der Mann ...
   Da kommt er hergegangen, eins, zwei, drei ...

4. Wo ist der Mann ...
   Was wollt ihr von mir lernen? eins, zwei, drei ...

5. Wo ist der Mann ...
   Wir woll'n das Tanzen lernen, eins, zwei, drei ...

6. Wo ist der Mann …
   Zuerst da kommt das Knicksen, eins, zwei, drei …

7. Wo ist der Mann …
   Und dann auch das Verbeugen, eins, zwei, drei …

8. Wo ist der Mann …
   Und dann noch das Herumdrehn, eins, zwei, drei …

9. Wo ist der Mann …
   Und dann die drei auf einmal, eins, zwei, drei …

10. Wo ist der Mann …
    Jetzt tanzen wir zusammen, eins, zwei, drei …

## Was der Bauer alles tut

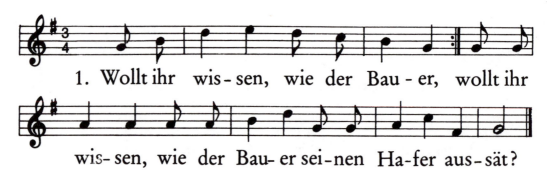

1. Wollt ihr wissen, wie der Bauer, wollt ihr wissen, wie der Bauer seinen Hafer aussät?

2. Sehet so, so tut der Bauer, wenn er Hafer aussät.

3. Wollt ihr wissen, wie der Bauer seinen Hafer abmäht?

4. Sehet so, so tut der Bauer, wenn er Hafer abmäht.

5. Wollt ihr wissen, wie der Bauer seinen Hafer einfährt?

6. Sehet so, so tut der Bauer, wenn er Hafer einfährt.

7. Wollt ihr wissen, wie der Bauer seinen Hafer ausdrischt?

8. Sehet so, so tut der Bauer, wenn er Hafer ausdrischt.

9. Wollt ihr wissen, wie der Bauer sein Geld nachzählt?

10. Sehet so, so tut der Bauer, wenn er Geld nachzählt.

11. Wollt ihr wissen, wie der Bauer von der Arbeit ausruht?

12. Sehet so, so tut der Bauer, wenn er von der Arbeit ausruht.

13. Wollt ihr wissen, wie der Bauer nach der Ernte sich freut?

14. Sehet so, so tut der Bauer, wenn er nach der Ernte sich freut.

# Ein Schneider fing ne Maus

1. Ein Schnei-der fing ne Maus, ein Schnei-der fing ne Maus, ein Schnei-der fing ne Mi-a-mi-a-mau-se-maus.

2. Was will er mit der Maus?

3. Er zieht ihr ab das Fell.

4. Was will er mit dem Fell?

5. Er näht sich einen Sack.

6. Was will er mit dem Sack?

7. Er zählt darein sein Geld.

8. Was will er mit dem Geld?

9. Er kauft sich einen Bock.

10. Was will er mit dem Bock?

11. Er reitet nach Paris.

# Zeigt her eure Füße

Altes Kinderlied

Zeigt her eure Füße, zeigt her eure Schuh und sehet den fleißigen Waschfrauen zu. 1. Sie waschen, sie waschen, sie waschen den ganzen Tag.

2. Sie wringen…
3. Sie hängen…
4. Sie legen…
5. Sie rollen…

6. Sie plätten…
7. Sie ruhen…
8. Sie klatschen…
9. Sie tanzen…

# Backe, backe Kuchen

Bak-ke, bak-ke Ku-chen, der Bäk-ker hat ge-ru-fen! Wer will gu-ten Ku-chen bak-ken,

der muß ha-ben sie-ben Sa-chen: Ei-er und Schmalz,
But-ter und Salz, Milch und Mehl, Saf-ran macht den
Ku-chen gehl. Schieb, schieb in O-fen nein!

## Alle meine Kleider

Aus Pommern

1. Grün, grün, grün sind al-le mei-ne Klei-der, grün, grün, grün ist al-les, was ich hab.
   *Wiederholung vom Chor*
   Dar-um lieb ich al-les, was so grün ist, weil mein Schatz ein Jä-ger Jä-ger, ist.

2. Rot, rot, rot sind alle meine Kleider,
   rot, rot, rot liebt jedermann;
   darum lieb ich alles, was so rot ist,
   weil mein Schatz ein Rothusar ist.

3. Blau, blau, blau sind alle meine Kleider,
   blau, blau, blau liebt jedermann;
   darum lieb ich alles, was so blau ist,
   weil mein Schatz ein Matrose ist.

4. Weiß, weiß, weiß sind alle meine Kleider,
   weiß, weiß, weiß liebt jedermann;
   darum lieb ich alles, was so weiß ist,
   weil mein Schatz ein Bäcker ist.

5. Schwarz, schwarz, schwarz sind alle meine Kleider,
   schwarz, schwarz, schwarz liebt jedermann;
   darum lieb ich alles, was so schwarz ist,
   weil mein Schatz ein Schornsteinfeger ist.

6. Bunt, bunt, bunt sind alle meine Kleider,
   bunt, bunt, bunt liebt jedermann;
   darum lieb ich alles, was so bunt ist,
   weil mein Schatz ein Maler ist.

# Mein Hut, der hat drei Ecken

Melodie: Neapolitanische Canzonetta „O cara mamma mia"

Mein Hut, der hat drei Ek-ken, drei Ek-ken hat mein Hut, und hätt er nicht drei Ek-ken, dann wär er nicht mein Hut. Mein Hut, der hat drei Ek-ken, drei Ek-ken hat mein Hut, und hätt er nicht drei Ek-ken, dann wär er auch nicht mein Hut.

## Wie sie's machen

Wollt ihr wis-sen, wollt ihr wis-sen, wie's die

1. klei - nen Mäd - chen ma - chen? Püpp - chen
2. klei - nen Kna - ben ma - chen? Trom - mel
3. gro - ßen Mäd - chen ma - chen? Strümp - fe

1. wie - gen, Püpp - chen wie - gen.
2. schla - gen, Trom - mel schla - gen.
3. strik - ken, Strümp - fe strik - ken.

Al - les

dreht sich her - um.

4. Wollt ihr wissen, wie's die großen Knaben machen?
   Peitschen knallen.

5. Wollt ihr wissen, wie's die jungen Damen machen?
   Knickse machen.

6. Wollt ihr wissen, wie's die jungen Herren machen?
   Hut abnehmen.

7. Wollt ihr wissen, wie's die alten Frauen machen?
   Kaffee trinken.

8. Wollt ihr wissen, wie's die alten Männer machen?
   Tabak rauchen.

# Trauer über Trauer

Nach dem alten Lambertusliede vom verlorenen Schatz

1. Trau-er ü-ber Trau-er, hab' ver-lo-ren mei-nen Ring. Ich will ge-hen und will se-hen, ob ich ihn nicht wie-der-find.

2. Freude über Freude, hab' gefunden meinen Ring.
   Ich will gehen und will sehen, ob ich ihn verschenken kann.

# Wenn der Topp aber nun 'n Loch hat

volkstümlich aus Hessen

1. „Wenn der Topp a-ber nun 'n Loch hat, lie-ber Hein-rich, lie-ber Hein-rich?" „Stopf es zu, lie-be, lie-be Lie-se, lie-be Lie-se, stopf's zu!"

2. „Womit soll ich's aber zustoppn,
   lieber Heinrich, lieber Heinrich?"
   „Mit Stroh, liebe, liebe Liese,
   liebe Liese, mit Stroh!"

3. „Wenn das Stroh aber nun zu lang ist,
   lieber Heinrich, lieber Heinrich?"
   „Hau es ab, liebe, liebe Liese,
   liebe Liese, hau's ab!"

4. „Womit soll ich's aber abhaun,
   lieber Heinrich, lieber Heinrich?"
   „Mit dem Beil, liebe, liebe Liese,
   liebe Liese, mit'm Beil!"

5. „Wenn das Beil aber nun zu stumpf ist,
   lieber Heinrich, lieber Heinrich?"
   „Mach es scharf, liebe, liebe Liese,
   liebe Liese, mach's scharf!"

6. „Womit soll ich's aber scharf mach'n,
   lieber Heinrich, lieber Heinrich?"
   „Mit dem Stein, liebe, liebe Liese,
   liebe Liese, mit'm Stein!"

7. „Wenn der Stein aber nun zu trock'n ist,
   lieber Heinrich, lieber Heinrich?"
   „Mach ihn naß, liebe, liebe Liese,
   liebe Liese, mach'n naß!"

8. „Womit soll ich'n aber naß mach'n,
   lieber Heinrich, lieber Heinrich?"
   „Mit dem Wass'r, liebe, liebe Liese,
   liebe Liese, mit'm Wass'r!"

9. „Womit soll ich denn das Wass'r holen,
   lieber Heinrich, lieber Heinrich?"
   „Mit dem Topp, liebe, liebe Liese,
   liebe Liese, mit'm Topp!"

10. „Wenn der Topp aber nun 'n Loch hat,
    lieber Heinrich, lieber Heinrich?"
    „Laß es sein, dumme, dumme Liese,
    dumme Liese, laß's sein!"

## Das Hausgesinde

volkstümlich aus Holstein

1. Wi-de-wi-de-wen-ne heißt mei-ne Put-hen-ne. Kann nicht ruhn, heißt mein Huhn, Wak-kel-schwanz heißt mei-ne Gans. Wi-de-wi-de-wen-ne heißt mein-ne Put-hen-ne.

2. Schwarz und weiß
   heißt meine Geiß,
   Dreibein
   heißt mein Schwein.
   Widewidewenne usw.

3. Ehrenwert
   heißt mein Pferd,
   Gute Muh
   heißt meine Kuh.
   Widewidewenne usw.

4. Wettermann
   heißt mein Hahn,
   Kunterbunt
   heißt mein Hund.
   Widewidewenne usw.

5. Guck heraus
   heißt mein Haus,
   Schlupf heraus
   heißt meine Maus.
   Widewidewenne usw.

6. Wohlgetan
   heißt mein Mann,
   Sausewind
   heißt mein Kind.
   Widewidewenne usw.

7. Leberecht
   heißt mein Knecht,
   Spät betagt
   heißt meine Magd.
   Widewidewenne usw.

Das ist das ganze Hausgesind,
   dazu kommt Mann und Frau und Kind.

# Häschen in der Grube

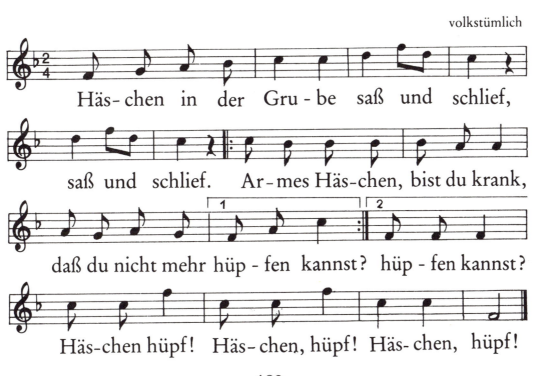

Häs-chen in der Gru-be saß und schlief, saß und schlief. Ar-mes Häs-chen, bist du krank, daß du nicht mehr hüp-fen kannst? hüp-fen kannst? Häs-chen hüpf! Häs-chen, hüpf! Häs-chen, hüpf!

## Alle meine Entchen

Al-le mei-ne Ent-chen schwim-men auf dem See, schwim-men auf dem See, Köpf-chen un-ters Was-ser, Schwänz-chen in die Höh.

# Das liebe Reh

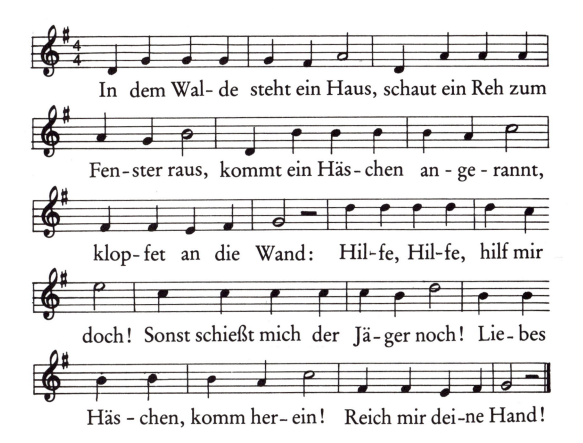

In dem Wal-de steht ein Haus, schaut ein Reh zum Fen-ster raus, kommt ein Häs-chen an-ge-rannt, klop-fet an die Wand: Hil-fe, Hil-fe, hilf mir doch! Sonst schießt mich der Jä-ger noch! Lie-bes Häs-chen, komm her-ein! Reich mir dei-ne Hand!

# Auf der Mauer, auf der Lauer

# Vogelhochzeit

volkstümlich aus Schlesien

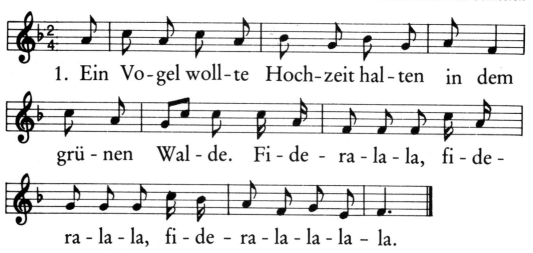

1. Ein Vogel wollte Hochzeit halten in dem grünen Walde. Fideralala, fideralala, fideralalalala.

2. Die Amsel war der Bräutigam,
   die Drossel war die Braute.
   Fideralala usw.

3. Die Gänse und die Anten,
   die war'n die Musikanten.

4. Der Uhu, der Uhu,
   der bringt der Braut die Hochzeitsschuh.

5. Der Kuckuck schreit, der Kuckuck schreit,
   er bringt der Braut das Hochzeitskleid.

6. Der Sperling, der Sperling,
   der bringt der Braut den Trauring.

7. Die Taube, die Taube,
   die bringt der Braut die Haube.

8. Die Lerche, die Lerche,
   die führt die Braut zur Kerche.

9. Die Meise, die Meise,
   die bringt der Braut die Speise.

10. Der Seidenschwanz, der Seidenschwanz,
    macht mit der Braut den ersten Tanz.

11. Frau Kratzefuß, Frau Kratzefuß,
    gibt allen einen Abschiedskuß.

12. Brautmutter war die Eule,
    nahm Abschied mit Geheule.

13. Der Uhu, der Uhu,
    der macht die Fensterläden zu.

14. Der Hahn, der krähet: „Gute Nacht!
    Jetzt wird die Kammer zugemacht."

15. Die Vogelhochzeit ist nun aus,
    die Vögel fliegen all' nach Haus.

# Hänsel und Gretel

1. Hän-sel und Gre-tel ver-lie-fen sich im Wald.
Es war so fin-ster und auch so bit-ter kalt.
Sie ka-men an ein Häus-chen von Pfef-fer-ku-chen fein:
Wer mag der Herr wohl von die-sem Häus-chen sein?

2. Hu, hu, da schaut eine alte Hexe raus!
Lockte die Kinder ins Pfefferkuchenhaus.
Sie stellte sich gar freundlich, o Hänsel, welche Not!
Ihn wollt sie braten im Ofen braun wie Brot!

3. Doch als die Hexe zum Ofen schaut hinein,
ward sie gestoßen von Hans und Gretelein.
Die Hexe mußte braten, die Kinder gehn nach Haus.
Nun ist das Märchen von Hans und Gretel aus.

# Dornröschen

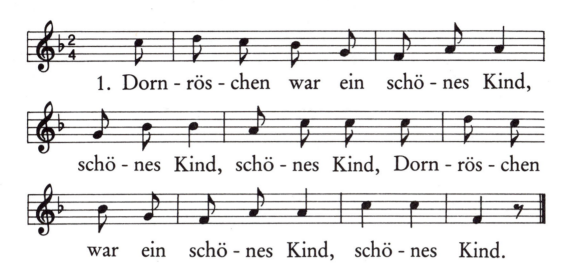

1. Dorn-rös-chen war ein schö-nes Kind, schö-nes Kind, schö-nes Kind, Dorn-rös-chen war ein schö-nes Kind, schö-nes Kind.

2. Dornröschen, nimm dich ja in acht!

3. Da kam die böse Fee herein:

4. „Dornröschen, schlafe hundert Jahr!"

5. Da wuchs die Hecke riesengroß.

6. Da kam der junge Königssohn:

7. „Dornröschen, wache wieder auf!"

8. Da feierten sie das Hochzeitsfest.

9. Da jubelte das ganze Volk.

# Wer klopfet an?

Krippenspiellied aus Tirol

1. Wer klop-fet an? „O zwei gar ar-me Leut!" Was wollt ihr denn? „O gebt uns

2. Wer vor der Tür?
   „Ein Weib mit ihrem Mann."
   Was wollt denn ihr?
   „Hört unser Bitten an!
   Lasset uns heut bei euch wohnen!
   Gott wird euch schon alles lohnen."
   Was zahlt ihr mir?
   „Kein Geld besitzen wir."
   Dann geht von hier!
   „O öffnet uns die Tür!"
   Ei, macht mir kein Ungestüm,
   da packt euch, geht woandershin!

3. Was weinet ihr?
   „Vor Kält erstarren wir."
   Wer kann dafür?
   „O gebt uns doch Quartier!
   Überall sind wir verstoßen,
   jedes Tor ist uns verschlossen."
   So bleibt halt drauß!
   „O öffnet uns das Haus!"
   Da wird nichts draus.
   „Zeigt uns ein andres Haus!"
   Dort geht hin zur nächsten Tür!
   Ich hab' nicht Platz, geht nur von hier!

4. Da geht nur fort!
   „O Freund, wohin, wo aus?"
   Ein Viehstall dort!
   „Geh, Joseph, nur hinaus!
   O mein Kind, nach Gottes Willen
   mußt du schon die Armut fühlen!"
   Jetzt packt euch fort!
   „O, dies sind harte Wort!"
   Zum Viehstall dort!
   „O, wohl ein schlechter Ort!"
   Ei, der Ort ist gut für euch,
   ihr braucht nicht viel, da geht nur gleich!

# Vom Himmel hoch, o Engel, kommt

Aus dem Kölner Gesangbuch, 1623

1. Vom Himmel hoch, o Engel, kommt!
Eia, eia, susani, susani, susani!
Kommt, singt und springt, kommt, pfeift und trombt!
Alleluja, alleluja! Von Jesus singt und Maria!

2. Kommt ohne Instrumente nit,
   bringt Lauten, Harfen, Geigen mit!
   Eia, eia, susani, susani, susani …

3. Die Stimmen müssen lieblich gehn
   und Tag und Nacht nit stillestehn.
   Eia, eia, susani, susani, susani …

4. Das Lautenspiel muß lauten süß,
   davon das Kindlein schlafen müß.
   Eia, eia, susani, susani, susani …

5. Singt Fried auf Erden weit und breit,
   Gott Preis und Ehr in Ewigkeit!
   Eia, eia, susani, susani, susani …

## Vom Himmel hoch, da komm ich her

Worte: Martin Luther
Weise: V. Schumann

1. Vom Him-mel hoch, da komm ich her, ich bring euch gu-te neu-e Mär; der gu-ten Mär bring ich so viel, da-von ich singn und sa-gen will.

2. Euch ist ein Kindlein heut geborn,
   von einer Jungfrau auserkorn,
   ein Kindelein, so zart und fein,
   das soll eur Freud und Wonne sein.

3. Es ist der Herr Christ, unser Gott,
   der will euch führn aus aller Not,
   er will eur Heiland selber sein,
   von allen Sünden machen rein.

4. Er bringt euch alle Seligkeit,
   die Gott der Vater hat bereit,
   daß ihr mit uns im Himmelreich,
   sollt ewig leben allzugleich.

5. Lob, Ehr sei Gott im höchsten Thron,
   der uns bringt seinen eignen Sohn.
   Des freuen sich der Engel Schar
   und singen uns solch neues Jahr.

# Kommet, ihr Hirten

Aus Böhmen

1. Kommet, ihr Hirten, ihr Männer und Fraun!
Kommet, das liebliche Kindlein zu schaun!
Christus, der Herr, ist heute geboren,
den Gott zum Heiland euch hat erkoren –
fürchtet euch nicht!

2. Lasset uns sehen in Bethlehems Stall,
was uns verheißen der himmlische Schall!
Was wir dort finden, lasset uns künden,
lasset uns preisen in frommen Weisen: Halleluja!

3. Wahrlich, die Engel verkündigen heut
Bethlehems Hirtenvolk gar große Freud:
Nun soll es werden Friede auf Erden,
den Menschen allen ein Wohlgefallen – Ehre sei Gott!

# Ihr Kinderlein, kommet

Worte: Christoph von Schmid
Weise: Johann A. P. Schulz

1. Ihr Kin-der-lein, kom-met, o kom-met doch
Zur Krip-pe her kom-met in Beth-le-hems

all! Und seht, was in die-ser hoch-hei-li-gen
Stall!

Nacht der Va-ter im Him-mel für Freu-de

uns macht!

2. Da liegt es, das Kindlein, auf Heu und auf Stroh,
   Maria und Joseph betrachten es froh.
   Die redlichen Hirten knien betend davor,
   hoch oben schwebt jubelnd der Engelein Chor.

3. O beugt wie die Hirten anbetend die Knie;
   erhebet die Hände und danket wie sie!
   Stimmt freudig, ihr Kinder, wer sollt sich nicht freun?
   Stimmt freudig zum Jubel der Engel mit ein!

# Als ich bei meinen Schafen wacht

Aus Oberschlesien

1. Als ich bei meinen Schafen wacht,
   ein Engel mir die Botschaft bracht.
   Des bin ich froh, froh, froh, froh,
   Benedicamus Domino.

2. Er sagt, es soll geboren sein
   zu Bethlehem ein Kindelein.

3. Er sagt, das Kind läg da im Stall
   und sollt' die Welt erlösen all.

4. Als ich das Kind im Stall gesehn,
   nicht wohl konnt ich von dannen gehn.

5. Den Schatz muß ich bewahren wohl,
   so bleibt mein Herz der Freuden voll.

# In dulci jubilo

2. O Jesu parvule, nach dir ist mir so weh.
   Tröst mir mein Gemüte, o puer optime,
   durch alle deine Güte, o princeps gloriae.
   Trahe me post te.

3. Ubi sunt gaudia? Nirgend mehr denn da,
   da die Engel singen nova cantica
   und die Schellen klingen in regis curia.
   Eia, wärn wir da!

# Der Heiland ist geboren

Worte: Aus der Grafschaft Glatz
Weise: Aus dem Salzkammergut

1. Der Heiland ist geboren, freut euch von Herzen, ihr Christen all, kommt her zum Kindlein in dem Stall; sonst wärn wir gar verloren in alle Ewigkeit. Freut euch von Herzen, ihr Christen all, kommt her zum Kindlein in dem Stall.

# Joseph, lieber Joseph mein

1. Jo-seph, lie-ber Jo-seph mein, hilf mir wie-gen mein Kin-de-lein, Gott, der wird dein Loh-ner sein im Him-mel-reich, der Jung-frau Sohn, Ma-ri-a.

2. Gerne, lieb Maria mein,
   helf ich wiegen dein Kindelein,
   daß Gott sollt mein Lohner sein
   im Himmelreich, der Jungfrau Sohn, Maria.

# Stille Nacht, heilige Nacht

Worte: J. Mohr
Weise: F. Gruber

1. Stille Nacht, heilige Nacht! Alles schläft, einsam wacht nur das traute, hochheilige Paar; holder Knabe im lockigen Haar, schlaf in himmlischer Ruh, schlaf in himmlischer Ruh!

2. Stille Nacht, heilige Nacht!
   Hirten erst kundgemacht,
   durch der Engel Halleluja
   tönt es laut von fern und nah:
   Christ, der Retter, ist da,
   Christ, der Retter, ist da.

3. Stille Nacht, heilige Nacht!
   Gottes Sohn, o wie lacht
   Lieb aus deinem göttlichen Mund,
   da uns schlägt die rettende Stund,
   Christ, in deiner Geburt,
   Christ, in deiner Geburt!

# Still, weil's Kindlein schlafen will

Aus Salzburg

1. Still, still, still, weil's Kindlein schlafen will.
Die Englein tun schön jubilieren,
bei dem Kripplein musizieren.
Still, still, still, weil's Kindlein schlafen will.

2. Schlaf, schlaf, schlaf,
mein liebes Kindlein, schlaf!
Maria will dich nieder singen,
ihre reine Brust darbringen.
Schlaf, schlaf, schlaf,
mein liebes Kindlein, schlaf!

# Auf dem Berge, da wehet der Wind

Aus Schlesien

Auf dem Ber-ge, da we-het der Wind, da wiegt die Ma-ri-a ihr Kind, sie wiegt es mit ih-rer schnee-wei-ßen Hand, sie hat da-zu kein Wie-gen-band.

Ach, Jo-seph, lie-ber Jo-seph mein,
ach, hilf mir doch wie-gen mein Kin-de-lein:

Wie soll ich dir denn das Kind-lein wieg'n? Ich kann ja kaum sel-ber die Fin-ger bieg'n!

Schum-schei, schum-schei.

# Lieb Nachtigall, wach auf

Wort und Weise: Nach J. E. Höfling, Bamberg 1670

1. Lieb Nach-ti-gall, wach auf! Wach auf, du schö-nes Vö-ge-lein auf je-nem grü-nen Zwei-ge-lein, wach hur-tig ohn Ver-schnauf! Dem Kin-de-lein aus-er-ko-ren, heut ge-bo-ren, fast er-fro-ren, sing, sing, sing dem zar-ten Je-su-lein!

2. Flieg her zum Krippelein!
   Flieg her, geliebtes Schwesterlein,
   blas an dem feinen Psalterlein,
   sing, Nachtigall, gar fein.
   Dem Kindelein musiziere,
   koloriere, jubiliere,
   sing, sing, sing dem süßen Jesulein!

3. Stimm, Nachtigall, stimm an!
   Den Takt gib mit den Federlein,
   auch freudig schwing die Flügelein,
   erstreck dein Hälselein!
   Der Schöpfer dein Mensch will werden
   mit Geberden hier auf Erden:
   Sing, sing, sing dem werten Jesulein!

# Zu Bethlehem geboren

Worte: Friedrich von Spee
Weise: Geistlicher Psalter, Köln 1638

1. Zu Bethlehem geboren ist uns ein Kindelein. Das hab' ich auserkoren, sein eigen will ich sein. Eja, eja, sein eigen will ich sein.

2. In seine Lieb versenken
   will ich mich ganz hinab,
   mein Herz will ich ihm schenken
   und alles, was ich hab.

3. O Kindelein, von Herzen
   will ich Dich lieben sehr
   in Freuden und in Schmerzen,
   je länger mehr und mehr.

4. Dazu Dein Gnad mir gebe,
   bitt ich aus Herzens Grund,
   daß ich allein Dir lebe
   jetzt und zu aller Stund.

5. Dich, wahren Gott, ich finde
in meinem Fleisch und Blut,
darum ich fest mich binde
an Dich, mein höchstes Gut.

6. Laß mich von Dir nicht scheiden,
knüpf zu, knüpf zu das Band
der Liebe zwischen beiden.
Nimm hin mein Herz zum Pfand.

## Alle Jahre wieder

Worte: Wilhelm Hey
Weise: Friedrich Silcher

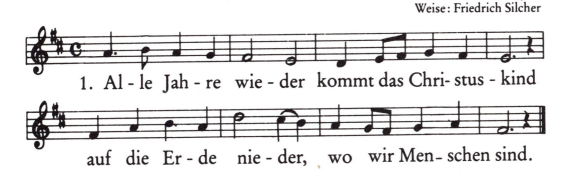

1. Alle Jahre wieder kommt das Christuskind auf die Erde nieder, wo wir Menschen sind.

2. Kehrt mit seinem Segen
ein in jedes Haus,
geht auf allen Wegen
mit uns ein und aus.

3. Ist auch mir zur Seite
still und unerkannt,
daß es treu mich leite
an der lieben Hand.

# Es ist ein Ros entsprungen

Worte: Strophen 1 und 2 bei M. Praetorius 1609, Strophe 3 Friedrich Layriz 1844,
Strophe 4 bei F. Layriz („nach älterem Muster")
Weise: Speierisches Gesangbuch Köln 1599

1. Es ist ein Ros entsprungen aus einer Wurzel zart,
   als uns die Alten sungen: von Jesse kam die Art
   und hat ein Blümlein bracht mitten im kalten Winter
   wohl zu der halben Nacht.

2. Das Röslein, das ich meine,
   davon Jesaias sagt,
   hat uns gebracht alleine
   Marie, die reine Magd.
   Aus Gottes ewgem Rat
   hat sie ein Kind geboren,
   welches uns selig macht.

3. Das Blümelein so kleine,
   das duftet uns so süß;
   mit seinem hellen Scheine
   vertreibts die Finsternis:
   wahr' Mensch und wahrer Gott,
   hilft uns aus allem Leide,
   rettet von Sünd und Tod.

4. O Jesu, bis zum Scheiden
   aus diesem Jammertal,
   laß Dein Hilf uns geleiten
   hin in den Freudensaal,
   in Deines Vaters Reich,
   da wir Dich ewig loben.
   O Gott, uns das verleih.

# O du fröhliche Weihnachtszeit

Worte: J. D. Falk (1. Str.), J. C. Holzschuher (2. u. 3. Str.)
Weise: volkstümlich aus Sizilien

1. O du fröh-li-che, o du se-li-ge,
gna-den-brin-gen-de Weih-nachts-zeit!
Welt ging ver-lo-ren, Christ ward ge-bo-ren.
Freu-e, freu-e dich, o Chri-sten-heit!

2. O du fröhliche, o du selige,
gnadenbringende Weihnachtszeit!
Christ ist erschienen, uns zu versühnen.
Freue, freue dich, o Christenheit!

3. O du fröhliche, o du selige,
gnadenbringende Weihnachtszeit!
Himmlische Heere jauchzen dir Ehre.
Freue, freue dich, o Christenheit!

# Morgen kommt der Weihnachtsmann

Worte: Hoffmann v. Fallersleben
Weise: volkstümlich

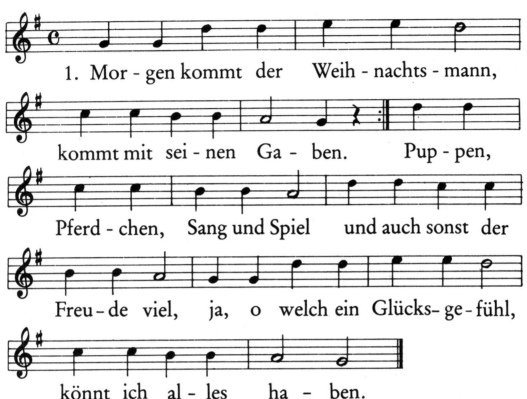

1. Morgen kommt der Weihnachtsmann,
kommt mit seinen Gaben.
Puppen, Pferdchen, Sang und Spiel
und auch sonst der Freude viel,
ja, o welch ein Glücksgefühl,
könnt ich alles haben.

2. Bitte, lieber Weihnachtsmann,
denk an uns und bringe
Äpfel, Nüsse, Plätzchen mir,
Zottelbär und Panthertier,
Roß und Esel, Schaf und Stier,
lauter schöne Dinge.

3. Doch du weißt ja unsern Wunsch,
kennst ja unsre Herzen.
Kinder, Vater und Mama,
ja sogar der Großpapa,
alle, alle sind wir da,
warten dein mit Schmerzen.

# O Tannenbaum, o Tannenbaum

Worte: J. A. Zarnack (1. Str.), E. Anschütz (2. u. 3. Str.)
Weise: volkstümlich

1. O Tannenbaum, o Tannenbaum, wie treu sind deine Blätter. Du grünst nicht nur zur Sommerszeit, nein, auch im Winter, wenn es schneit. O Tannenbaum, o Tannenbaum, wie treu sind deine Blätter!

2. O Tannenbaum, o Tannenbaum,
   du kannst mir sehr gefallen!
   Wie oft hat nicht zur Weihnachtszeit
   ein Baum von dir mich hocherfreut!
   O Tannenbaum, o Tannenbaum,
   du kannst mir sehr gefallen.

3. O Tannenbaum, o Tannenbaum,
   dein Kleid will mich was lehren:
   Die Hoffnung und Beständigkeit
   gibt Mut und Kraft zu jeder Zeit!
   O Tannenbaum, o Tannenbaum,
   dein Kleid will mich was lehren.

# Die heilgen drei König

Aus Oberbayern, neuere Fassung

1. Die heil-gen drei Kö-nig mit ih-ri-gem Stern, will ich euch be-sin-gen, ihr Frau-en und Herrn. Ihr Stern, der gab al-len den Schein, ein neu-es Jahr geht nun her-ein.

2. Die heilgen drei König mit ihrigem Stern,
   die reisten daher aus weiter Fern.
   Ihr Stern, der gab allen den Schein,
   ein neues Jahr geht nun herein.

3. Die heilgen drei König mit ihrigem Stern,
   die bringen dem Kindlein ihr Opfer so gern.
   Ihr Stern, der gab allen den Schein,
   ein neues Jahr geht nun herein.

4. Die heilgen drei König mit ihrigem Stern
   knien nieder und ehren das Kindlein, den Herrn.
   Ihr Stern, der gab allen den Schein,
   ein neues Jahr geht nun herein.

ICH WURDE GEBOREN (IN ISTANBUL).

DAS VERDANKE ICH NICHT ZULETZT MEINEN ELTERN.

MIR FEHLTE ES AN "FAST" NICHTS.

# ISKENDER GIDER

NATÜRLICH LERNTE ICH AUCH LESEN UND SCHREIBEN. DESHALB DURFTE ICH DANN AUCH STUDIEREN...
...NATÜRLICH KUNST...
...UND DANN GING'S ERST RICHTIG LOS...

ANGEREGT DURCH MEINEN SOHN UND VIELE FERIEN......>

SAU-GUT!

...AUF DEM BAUERNHOF, KAM ICH ZU DEM, WAS ICH IM MOMENT AM ALLERLIEBSTEN TUE......>

SONNTAGS WAR ICH IMMER ARTIG.

DANN KAMEN WIR NACH DEUTSCHLAND. WESWEGEN WEISS ICH NICHT MEHR.

LANGEWEILE IST DOOF! MAN KANN SO VIEL MACHEN: VIELLEICHT EIN PAAR VÖGEL AUS SCHROTT?

HMM!... DAS KÖNNTE EIN SCHWAN WERDEN ODER AUCH WAS GANZ ANDERES.

UND IHR?

... ICH ERFINDE UND MALE KINDERBÜCHER (HIER TESTE ICH GERADE MEIN NEUES BUCH BEIM BAUERN) UND ÜBRIGENS: MEIN SOHN MALT AUCH. MANCHMAL MALEN WIR AUCH ZUSAMMEN.

*Die großen Bunten von Loewe*

Das große Leselöwen-Geschichtenbuch
Das große bunte Märchenbuch
Das große bunte Wichtelbuch
Das große bunte Vorlesebuch
Das große Buch der Dinosaurier
Das große Buch der Tiere
Das große bunte Weihnachtsbuch
Das große bunte Bastelbuch
Die große bunte Kinderbibel
Das große Buch der Gutenachtgeschichten
365 Vorlesegeschichten